중세국어의 어미 '-니'에 대한 연구

지은이 전병용

62년 충남 홍성에서 출생하였다. 단국대학교 국어국문학과를 졸업하고 같은 대학에서 「근대국어의 접속 어미에 대한 연구」로 석사학위를, 「중세국어의 어미 '-니'에 대한 연구」로 박사학위를 받았다. 논문으로 는 「한글맞춤법 오용에 대한 교정론적 연구」 외에 다수가 있으며, 저서로는 『디지털 시대의 광고와 언어』 가 있다.
국립국어연구원 사전편찬위원회 집필위원과 전문위원을 역임하였으며, 현재 혜전대학 전자출판과 겸임 교수로 있으면서 단국대학교 한국학부에 출강하고 있다.

청동거울 학술총서 ③

중세국어의 어미 '-니'에 대한 연구

발행일 1999년 11월 25일 1판 1쇄 인쇄 / 1999년 11월 30일 1판 1쇄 발행

지은이 전병용 / 펴낸이 임은주 / 펴낸곳 도서출판 청동거울 / 출판등록 1998년 5월 14일 제13-532호
주소 (135-080)서울 강남구 역삼동 832-52 상봉빌딩 301호 / 전화 564-1091~2 / 팩스 569-9889
하이텔 I. D. 청동 / 전자우편 cheong@netsgo.com

편집장 조태림 / 편집 박경호 / 디자인 배영옥 / 영업관리 정덕호

값 10,000원

ISBN 89-88286-19-7

청동거울 학술총서 ❸

중세국어의 어미 '-니'에 대한 연구

전병용 지음

청동거울

언어는 자체가 생명력으로 가득 차 있어 시간이 흐름에 따라 변화를 거듭하는 유기체이다.

언어의 변화는 대개 말소리에서 시작되어 낱말이나 문장으로 확대된다. 이러한 변화는 인간의 불완전한 기억력 때문에 일어나기도 하지만, 새로움을 추구하는 인간의 의지에 따른 결과이기도 하다.

우리글이 없어 한자를 빌려 쓴 '차자 시대'. 한자를 빌려 우리글의 문장 표현까지 훌륭히 해낸 석독구결(釋讀口訣)을 보면 한자를 빌려 썼지만 정신까지 빌려 쓰진 않았음을 알 수 있다.

민초들이 제 뜻을 쉽게 펼 수 있게 된 '정음 시대'. 한글은 유학자의 거센 저항 속에 내간체로 명맥을 유지하다 근대에 이르러 마침내 국민 문학의 표현 수단으로 자리잡게 되었다.

그리고 일본어 상용을 강제한 '일제 시대'와 너도 나도 혀를 굴려 버터 냄새를 풍기려 한 '미군정 시대'를 거쳐 조기 영어 교육만이 살 길이라 외친 문민정부의 '세계화 시대'를 겨우 빠져 나오니, 이제는 국민의 정부가 나서서 거리 안내판에 로마자 표기도 모자라 한자 병기를 주장하는 형편이다.

시대에 따라 변화무쌍하게 모습을 달리하는 언어의 변천을 쫓아 씨름한 지 15년. 국어 연구와 교육이 정보화 산업 시대에 역행하는(?) 학문으로 인식되기에 이르렀다. 더욱 새로운 각오로 국어학 연구의 불꽃을 지펴야 할 때이다. 늦은 감이 있으나 용기를 내어 나의 허물을 들추어 심기일전의 계기로 삼으려 한다.

이 책은 필자의 학위 논문을 수정하고 보완한 것이다.

우선 후기 중세국어의 어미 '-니'에 대한 형태론적 분석을 통하여 이 '-니'가 '-ㄴ(관형형어미)+이(의존명사)'에서 기원했을 것이라는 추정을 하였다.

또한 '-니'의 기원에 대하여 검토하였다. 이를 위하여 여말 선초의 구결 자료에 나타난 '-니'의 표기법을 검토하였다. 그 결과 '-니'가 '-ㄴ+이'로 분석될 수 있음을 알 수 있었다. 이때의 '-ㄴ'은 동명사형어미에서 온 관형형어미로 보았고, '이'는 의존명사로 보았다.

전기 중세국어의 자료인 고려본 석독구결과 향가 자료를 검토한 결과, 구역인왕경이 현토될 당시(12세기 중엽으로 추정)에는 접속어미 '-니'가 발달되지 않았고 그 기능을 동명사형어미 '-ㄴ'이 대신하고 있음을 밝혀냈다. 따라서 어미 '-니'의 형태 분석을 통하여 얻은 결론은 이들 어미가 모두 명사구 'ㄴ＋이'에 기원을 두고 있다는 것이다.

 마지막으로 이러한 사실을 바탕으로 어미 '-니'의 의미론적 특성을 검토하였다. 특히 어미 '-니'의 의미단락의 완결 기능을 중점적으로 살핌으로써 접속어미 '-니'와 종결어미 '-니'의 관련성도 검토하였다.

 이 책을 출간하는 데에는 여러분의 도움이 있었다. 학부시절부터 줄곧 학문의 길로 이끌어 주신 홍윤표 선생님, 대학원에서 크나큰 가르침을 주신 남풍현 선생님, 전광현 선생님께 깊이 감사드린다.

 끝으로 상업성이 없는 이 책이 세상에 나올 수 있도록 도와주신 도서출판 청동거울의 임은주 사장님과 조태봉 실장님 및 편집진께 고마움을 전한다.

1999년 11월

전병용

차　례

중세국어의 어미 '-니'에 대한 연구

중세국어의 어미 '-니'에 대한 연구

제1장

서 론

1. 연구 목적 및 범위

언어는 정체된 상태로 있는 것이 아니라 오랜 시간을 통하여 끊임없이 변화한다. 음운, 형태, 통사, 의미 등의 모든 층위에 걸쳐 변화가 일어나는 것이다. 본 연구는 후기 중세국어에서 매우 활발한 용례를 보이고 있는 하나의 형태 {니}[1]에 대하여 재분석을 한 다음, 회고적인 방법으로 전기 중세국어의 자료를 대상으로 통시적인 변화 양상을 역추적하여 국어 문법 체계 변화의 한 양상을 밝히려는 데 그 목적이 있다.

통사 변화에 대한 연구가 음운 변화나 형태 변화의 연구에 비하여

---

[1] 형태(morph)란 원래 형태소의 음성적인 모든 구체적인 실현형을 가리킨다 즉, 각 형태란 형태소의 특수한 한 실현형이다(이정민·배영남, 1987:577). 따라서 형태라는 용어를 쓸려면, 이들이 하나의 형태소라는 전제하에서만 가능한데, 본 연구에서는 {니}를 명사구 구성, 접속어미, 종결어미 등과 선어말어미에서 재분석되는 것까지 포괄해서 부를 때 형태라는 용어를 사용한다. 또한 이러한 형태를 표시하기 위하여 { }를 사용하고 어미를 표시하기 위하여 ' ' 을 사용한다.

활발하지 못한 것은 잘 알려진 사실이다. 이러한 연구의 경향은 통사
변화가 다른 음운이나 형태의 변화에 비해서 그 속도가 느리며 따라서
그 변화를 인식하기도 힘들다는 점과 관계가 있다. 그러나 언어의 변화
에는 통사 변화가 포함되므로 이에 대한 연구가 이루어져야만 국어사
연구는 균형 있게 발전할 수 있을 것이다. 최근에 와서 '通時統辭論'이
란 용어가 쓰일 정도로 국어 통사구조의 역사적인 변화에 대한 연구가
활발하게 이루어지고 있다.[2] 본 연구는 후기 중세국어의 어미 '-니'에
대한 再分析을 바탕으로 전기 중세국어의 어미 '-니'와 이와 관련된 동
명사형어미 '-ㄴ'에 대한 통시적인 변화 양상까지를 검토한다는 점에서
는 공시적인 연구와 통시적인 연구를 아울러 진행하는 것이 된다.

　　후기 중세국어의 어미 '-니'는 명사구 구성은 물론 접속어미, 종결어
미로 쓰이며 선어말어미에서도 재분석되고 있다. 지금까지의 연구에서
는 이들을 통사 기능에 따라 구별하여 다루었기 때문에 이들 간의 관련
성은 제대로 밝히지 못했다. 본 연구에서는 이들이 'ㄴ(관형사형어미←동
명사형어미) + 이(의존명사)'의 통사 구성에서 문법화의 과정을 거쳐 어미
로 정착했을 가능성을 형태, 통사, 의미를 토대로 검토하려는 것이다.

2. 연구사

　　'-니'는 접속어미 '-니'와 종결어미 '-니' 그리고 선어말어미 '-니-'의
기능을 하고 있다. 통사 기능상으로 확연히 구별되는 이들에 대한 연구
가 종합적으로 이루어진 경우는 없고, 정호완(1987)이나 전정례(1991)의

---

2) 정호완(1987), 이태영(1988), 권재일(1985), 이현희(1992), 정재영(1993) 등의 연구가
　　참고된다.

연구에서 부분적으로 이들의 관련성을 '어미화'의 차원에서 다룬 적은 있다. 특히 선어말어미 '-니-'나 종결어미 '-니'를 독립적으로 다룬 연구는 없으므로 접속어미의 '-니'를 중심으로 살핀다.

접속어미의 '-니'에 대한 지금까지의 연구는 크게 '-니'의 형태를 중심으로 한 연구와 의미를 중심으로 한 연구로 나눌 수 있다.

형태를 중심으로 한 연구는 용언의 어미구조체와 재구조화된 통합형 어미에 대한 철저한 형태 분석을 시도한 작업이다. 이러한 철저한 형태론적 분석을 위하여 구조주의 분석 방법이 동원되는데, 대표적인 연구로 서태룡(1988)을 들 수 있다. 종래에는 접속어미의 형태를 확인하기 위하여 한 형태의 구조적인 양상(계열 관계와 통합 관계)과 의미와의 관련성을 기준으로 하여 형태를 분석하였다. 이 연구에서는 현대국어를 대상으로 하여 음운 현상, 언어의 변화 등을 고려하여 재분석을 시도하고 있는데,3) '-니'를 재분석한 결과는 다음과 같다.

> (1) a 어말어미 '-니'는 동명사어미 '-ㄴ'과 어말어미 '-이'로 재분석된다.
>
> b. 이때의 '-ㄴ'은 선행 서술이 [결정·완료]로 인지되었음과 그에 대한 [대립]이 [전제]됨을 나타내고, '-이'는 [결정·완료]인 [상태를 유지]하고 있음과 선행 서술을 [미완결]하기 때문에 그대로 [상태가 유지]되는 가운데 이루어지거나 확인되는 결과를 [연결]한다.

특히 이 연구에서는 종래에 통사론적 기능에 따라 부사형어미, 접속

---

3) 철저한 형태론적 분석을 통하여 어미를 체계화하려는 이러한 작업은 다음과 같은 강점을 갖는다. 첫째, 어미의 수를 최대한 줄임으로써 접속문의 문법 현상을 간명하게 설명할 수 있다. 둘째, 어미를 재분석함으로써 어미의 통시적 변화 양상을 포착하여 통사·의미 제약 현상에 대해 타당한 설명을 할 수 있다.

어미, 종결어미로 다루던 '-아'를 통사론적 지배 영역을 달리하는 것뿐이고 이들을 동일한 의미를 가지는 동일한 형태소로 규정하고 있으며, 어말어미 '-니'에서 재분석되는 '-이'도 같은 방식으로 동일한 의미를 가진 동일한 형태소로 규정하고 있음이 주목된다. 그런데 현대국어를 대상으로 한 경우에는 어말어미 '-니'를 동명사형어미 '-ㄴ'과 어말어미 '-이'로 재분석하는 것이 타당한 면이 많으나, 중세국어를 대상으로 재분석할 경우에는 문제가 있다. 본 연구에서는 이러한 문제를 검토하는 데 중점을 둔다.

한편 중세국어와 고대국어를 대상으로 한 김완진(1957)에서는 동명사형어미 '-n(ㄴ), -l(ㄹ)'의 통사론적 기능과 발달을 논의하면서 동명사형어미 '-n(ㄴ)'에 첨사 '-i(이)'가 결합하여 종결어미 '-니'와 접속어미 '-니'로 발달했을 가능성을 지적한 바 있다.

의미를 중심으로 한 연구는 그 통사 기능과 의미 기능에 대한 연구로, 접속어미 '-니'의 기본 의미를 모색하는 작업이라 할 수 있다. 대부분의 연구가 이 부류에 속한다. 그러나 통사적인 제약과 의미의 특성을 고려하여, 단일한 접속어미의 기본 의미를 분석하려는 이러한 작업은 기본 의미를 모색하기보다는 통사 기능과 용법의 확인에 그쳤다는 지적이 있다.

현대국어를 대상으로 한 경우에는 '-니'와 '-아서' 혹은 '-니'와 '-니까'와의 공통점과 차이점이 통사 제약과 의미 특성을 중심으로 논의되었는데, 이에 대한 연구로는 최현배(1937/1984:297~298), 성낙수(1978a, 1978b), 김승곤(1978, 1980), 남기심·Lukoff. F(1983), 한동완(1989), 남기심(1994) 등이 있다.

최현배(1937/1984)에서는 접속어미 '-니'를 이미 사실(참일)로 드러난 얽맴을 보이는 사실구속형(참일 매는꼴)의 한가지로 보고, [때], [때문], [까닭] 등의 용법으로 나누어 설명하고 있다. 이 연구에서는 '-니'와 '-

니까'의 차이점은 언급하지 않고 예만을 따로 제시하고 있다. '-니'의 기본 의미보다는 용법만을 검토한 것이지만, 의미를 중심으로 한 그 뒤의 연구에 큰 영향을 주었다.

김승곤(1978)에서는 '-니까'와 '-아서'를 비교하여 논의하였는바 논의 결과는 다음과 같다.

> (2) a. 시간상으로 '-니까'는 현재를, '-아서'는 완료를 각각 기준으로 한다.
>   b. '-니까'는 [결과적인 원인과 이유]를, '-아서'는 [전제적인 이유와 원인]을 각각 나타낸다.
>   c. '-니까'는 시간과 경험을 포함한 [결과]를, '-아서'는 [완료 지속]을 각각 나타낸다.
>   d. '-니까'는 주관성이 있고, '-아서'는 일반성이 있다.

남기심·루코프(1983)에서는 '-니까' 구문과 '-아서' 구문의 의미상의 차이와 통사상의 차이를 논의하면서 '-니까'는 [따짐]을 나타내고, '-아서'는 [원인 밝힘]을 각각 나타내는데 '-니까'의 경우에는 [발견]으로부터 [따짐]이 유도되는 것이고, '-아서'의 경우에는 [상관적인 계기성]으로부터 [원인 밝힘]이 유도되는 것으로 보았다. 이 연구의 후속편이라 할 수 있는 남기심(1994:99~154)에서는 '-니'와 '-니까'의 문법 형태소 결합의 차이와 통사적 특징의 차이를 검토하여 이들이 서로 다른 형태소인 것을 밝히고, '-니'에는 두 가지 종류가 있어서 '-니까'와 구별되는 '-니'를 '-니1'이라 하고, '-니까'와 교체되거나 혹은 '-니까'의 준말이라고 할 수 있는 '-니'를 '-니2'로 구별하고 있다. 또한 '-니까'의 의미는 크게 [경험/발견]과 [이유]로 나누어지며 이렇게 나눌 때의 '-니까' 접속문은 서로 그 통사적 특성을 달리한다는 점도 언급하였다. 이밖에 '-니' 또는 '-니까'와 형태상 동일한 [인용 나열]의 '-니', [비교]의 '-니/-느니' 의태성 형용사에 붙는 '-니'까지도 그 용법을 들고 간단히 설명하였다.

이 연구는 '-니'와 '-니까'에 대해 형태 결합, 통사적 특징과 제약 현상을 중심으로 그 차이를 실증적으로 보여주었고, '-니까'의 의미를 [경험/발견]과 [이유]로 크게 나누어 설명하되 다양한 통사론적 특징의 차이를 근거로 그러한 구분의 타당성을 확실히 하였으며, '-니'의 특수한 용법에 대해서도 그 용법을 들고 간단히 설명을 하였다는 데 의의가 있다. 그러나 '-니'와 '-니까'의 차이가 근본적으로 어디에서 연유하는지 또 '-니'가 보이는 특수한 용법과 접속의 기능을 하는 '-니'의 용법이 왜 상관이 없는지를 설명하지 않고 있다는 점에서 문제가 있다.4)

한동완(1989)에서는 '-니' 접속 구성이 보여주는 다양한 의미 해석들이 주로 시제 범주와의 통합과 관련하여 어떤 제약을 갖는가를 살펴보았다. 특히 '-니' 접속 구성에서 산출되는 여러 의미 중에 주로 [발견], [이유], [반전]의 의미를 중심으로 이들이 각각의 의미로 해석될 때 시제 범주와의 통합에 제약을 갖는다는 점에 초점을 맞추고 있다.5)

근대국어를 대상으로 한 연구로는 졸고(1989)가 있다. 이 연구에서는 몇 가지 통사 제약 및 의미 특성을 근거로 해서 접속어미 '-니'를 특수한 경우에는 종결어미와 같은 기능을 하는 '준종결어미'로 설정하였다. 그런데 이는 18세기의 문헌 자료 중심이라는 한정된 자료를 바탕으로 한 연구로, '-니'의 다양한 통사 제약과 의미 특성을 종합적으로 밝히는 데는 미흡했다.

중세국어를 대상으로 한 연구에서는 접속어미 '-니' 하나만 중점적으로 연구한 것은 없고, 접속어미를 전반적으로 다루면서, 개략적인 형태론적 특성을 밝히고 의미 기능을 분류하는 수준에 머무르고 있다. 허웅(1975), 김송원(1988), 이현희(1992) 등을 들 수 있다.

---

4) 본 연구에서는 특히 접속의 기능을 하는 '-니'와 기타 특수한 기능을 하는 '-니'와의 관련성도 염두에 두고 논의한다.
5) 4장에서 후기 중세국어의 '-니'가 [대립]의 의미를 보일 때 이것이 '-니' 자체의 의미에서 파생될 수 있는지를 검토하는 데 이 연구를 참고한다.

허웅(1975:522~528)에서는 '다음에 오는 말의 내용을 제약하는 뜻을 나타내는 접속법을 제약법(구속법)으로 규정한 다음, '-니'를 이 제약법을 나타내는 어미의 한 가지로 보고 [원인], [이유], [조건], [상황], [설명의 계속] 등의 용법을 갖는 것으로 설명하고 있다. 이 연구는 최현배(1937/1984)의 연구를 토대로 하였으되, 15세기의 다양한 문헌 자료를 대상으로 하여 깊이 있는 형태 분석을 하고 있다는 점에서 의의가 있다. 그러나 이 연구가 15세기 국어의 형태론이란 부제를 달았듯이 통사적인 제약의 검토 및 의미 분석이 이루어지지 않았다는 문제점을 아울러 갖는다.

김송원(1988)에서는 15세기 중세국어의 접속문을 접속어미의 의미에 따라 분류하고, 그 형태론적 특징과 통사론적 특징을 검토하였다. 이 연구는 허웅(1975)의 연구를 바탕으로 하여 접속문의 통사론적 특징까지도 함께 다룬 것인데, 접속어미 전반에 걸친 논의이기에 접속어미 하나하나에 대한 정밀한 검토가 이루어지지 않았으며, 특히 의미 분석이 이루어지지 않았다.

이현희(1992)에서는 중세국어의 구문을 연구하기 위하여 기본적인 논의를 하는 과정에서 몇 가지의 접속 구문을 검토하고 있다. 여기에서 '-니'의 의미를 [전제]와 [발견/경험]으로 나누고 '-니'가 [발견/경험]의 의미를 가질 때 흔히 지각경험동사나 사유동사 구문과 밀접한 관련이 있음을 지적하였다.

3. 연구 방법

본 연구에서는 후기 중세국어의 접속어미 '-니', 종결어미 '-니', 선어말어미의 구성에 참여하는 '-니'가 기원적으로 'ㄴ(관형사형어미) + 이(의존명사)'라는 통사 구성에서 어미화되었을 가능성을 검토하기 위하여 다음과 같은 방법을 이용한다.

첫째, 후기 중세국어의 어미 '-니'에 대한 형태론적 분석을 시도하고, 이를 바탕으로 하여 회고적 방법으로 전기 중세국어의 어미 '-니' 그리고 이와 관련된 동명사형어미 '-ㄴ'의 분포와 기능을 비교·고찰한다. '-니'를 'ㄴ + 이'로 재분석했을 때 이 재분석된 구성이 가질 수 있는 가능성은 다음과 같다.

(3) a. 'ㄴ(동명사형어미) + 이(계사)'
    b. 'ㄴ(동명사형어미) + 이(어미)'
    c. 'ㄴ(관형사형어미) + 이(의존명사)'
    d. 'ᄂᆞ(느) + 이(어미)'

후기 중세국어를 대상으로 이러한 재분석 가능성에 대해 하나하나 검토하고, 그 검토 결과와 전기 중세국어의 동명사형어미 '-ㄴ'의 용법과를 비교한다.

둘째, 전기 중세국어의 구결 자료에서는 이 '-니'가 전혀 나타나지 않고, 그 기능을 동명사형어미 '-ㄴ'이 대신하고 있다는 점과 여말선초의 구결 자료에서 '-니(ㄴ)'가 후대로 내려올수록 표기상으로 'ㄴ이(ㄱ ㅔ:분철) → ㄴ니(ㄱ ㄴ:중철) → 니(ㄴ:연철)'의 변화를 보인다는 점을 근거로 전기 중세국어의 일부 '-ㄴ'이 통시적인 변화를 거쳐 어미 '-니'로 정착한 것을 밝힌다.

셋째, 형태론적 분석을 위하여 구조주의 분석 방법(특히 재분석의 방법)을 이용한다. 구체적으로는 구조적 양상의 공통성과 의미와의 관련성을 주로 이용하되, 일부 어미(특히 선어말어미 '-거-'와 '-어-'의 경우)의 분석을 위해서는 허웅(1975:936)에서처럼 음운론적 정보를 이용한다. 또한 가능한 한 형태론적 분석을 최대한 시도한 다음 그 분석의 결과가 중세 국어의 문맥에서 자연스럽게 적용될 수 있는가를 검토한다.

넷째, 통사적 제약 현상을 통하여 접속어미 '-나'의 기본 의미를 설명하는 데 객관적인 증거 자료를 제공한다.

다섯째, 접속어미의 의미 기능을 검토하는 과정에서 종래의 연구에서는 의미 기능에 중점을 두어 한 형태가 다양한 의미 기능을 갖는 것으로 설명하였으나, 최근의 연구에서는 한 형태의 기본 의미를 파악하기 위한 연구가 활발히 진행되고 있다. 즉 한 형태 자체의 기본 의미에 관심을 갖느냐, 그 형태가 관여하는 선·후행절의 관계 의미에 관심을 갖느냐에 따라 다양한 논의가 있었다. 필자는 이러한 혼돈을 피하고 접속어미의 기본 의미에 접근하는 방법으로 다음과 같은 방법을 시도한다.

① 한 접속어미가 연결시켜 주는 모든 관계 의미를 최대한 검토한 다음, 의미에 따라 크게 몇 가지 유형으로 하위 분류한다.

② 이렇게 분류한 의미 범주를 검증하기 위하여, 현대국어를 사용하는 사람에게는 상식적인 사실도, 구체적이고 실제적인 방법으로 객관적인 증거를 찾는다.

[예 1] 접속어미의 의미 기능을 검토하는 방법으로 이들에 후행하는 접속부사와의 호응 관계를 살핀다.

[예 2] 접속문 혹은 완결문 다음에 오는 주석문의 분포와 주석문의 유형을 검토하여 접속어미의 상대적인 의미 영역(단락)을 검토한다.

4. 대상 자료

본 연구에서 대상으로 하는 문헌 자료는 다음과 같다.

간행 연도	문헌 이름	약호
12세기 중엽(추정)	舊譯仁王經(上)	구인
12세기 말엽(추정)	華嚴經 卷 14	화엄
13세기(추정)	三國遺事 所在 鄕歌	
13세기(추정)	釋均如傳 所在 鄕歌	
13세기 중엽(추정)	楞嚴經(安東本)	안동본
13세기 중엽(추정)	楞嚴經(大邱本)	대구본
1401년	楞嚴經(祇林寺本)	기림사본
1401년	楞嚴經(宋成文本)	송성문본
1447년	釋譜詳節	석상
1447년	月印千江之曲	천강곡
1459년	月印釋譜	월석
1461년	楞嚴經諺解	능엄
世祖朝	法華經(略體字 口訣 資料)	법화A
1463년	法華經諺解	법화B
1463년	禪宗永嘉集諺解	선종
1464년	金剛經諺解	금강
1464년	阿彌陀經諺解	아미
1467년	蒙山和尙法語略錄諺解	몽산
1475년	內訓	내훈
1481년	杜詩諺解 初刊本	두초
1485년	觀音經諺解(불정심경언해)	관음

| 1518년 | 正俗諺解 | 정속 |
| 1517년 | 飜譯朴通事 | 번박 |

제2장

후기 중세국어의 어미 '니'에 대한 형태 분석

1. 어말어미 '-니'의 분석

후기 중세국어의 어말어미 '-니'는 두 가지 유형으로 나눌 수 있다. 접속어미 '-니'와 종결어미 '-니'이다. 종결어미 '-니'는 다시 두 가지로 나뉜다. 하나는 용비어천가나 월인천강지곡과 같은 시가에서 쓰이는 [서술], [의문]의 종결어미 '-니'이고 다른 하나는 회화체에서 [반말]의 종결어미로 쓰이는 '-니'이다. 종래의 연구에서 이때의 '-니'는 선어말어미 '-니-'로 종결어미의 기능을 대신하고 있다고 보는데, 본 연구에서는 형태론적 분석과 의미론적 분석을 통하여 명사문 종결어미로 파악하여 다룬다.

1-1. 접속어미 '-니'의 분석

1) 선행요소와[1]의 결합 관계

후기 중세국어의 선어말어미는 다음과 같다.[2]

① 경어법 선어말어미
② 시상법 선어말어미
③ 인칭법 선어말어미
④ 감동법 선어말어미

접속어미 '-니' 앞에는 종결어미에 가까울 정도로 대부분의 선어말어미들이 자유롭게 결합될 수 있다.

개) 경어법 선어말어미

후기 중세국어의 경어법은 청자경어법, 주체경어법, 객체경어법으로 체계화된다. 이들은 각각 선어말어미 '-이-', '-시-', '-숩-'에 의해 실현된다.

주체경어법의 '-시-'는 주체에 대한 화자의 존대 의향을 표시하는 형태이고, 객체경어법의 '숩-'은 주체와 객체에 대한 존비 관계에 대한 화자의 입장을 표시하는 형태이며, 청자경어법의 '-이-'는 화자가 청자를

---

1) 접속어미에 선행하는 요소는 엄밀히 말하면, 어간에서 선어말어미에 이르기까지의 언어 요소를 지칭해야 하지만, 본 연구에서는 어간을 제외한 부분 즉 선어말어미 부분만을 지칭하여 부른다.
2) 어미의 분류는 안병희·이광호(1990)에 따르되, 필자의 견해와 일치하지 않는 부분에서는 때로 수정하여 제시한다.

자기와 대비하여 존비 관계를 표시하는 형태이다. 이 청자경어법은 여러 등급으로 갈려 단지 높이느냐 않느냐로 이분되는 주체경어법이나 객체경어법보다 훨씬 복잡한 조건을 갖는다(이익섭·임홍빈, 1983:219~239). 따라서 경어법적 조건을 기준으로 하여 비교한다면, 이들 세 가지 체계는 다음과 같이 나타낼 수 있다.

복잡　　　　　→　　　　　단순
청자경어법 > 객체경어법 > 주체경어법

이와 같이 경어법적 조건이 다르다는 전제하에 다음과 같은 가정이 성립될 수 있는데, 이 장에서는 이러한 가정을 확인하는 작업을 진행한다.

[가정 1] 위와 같은 경어법적 조건의 차이에 따라 이들 경어법의 형태는 문법적(형태·통사적) 제약에서 차이를 갖는다. 또한 이들 경어법 형태가 보여주는 문법적인 제약도 '청자경어법 > 객체경어법 > 주체경어법'의 순서로 나타날 것이다.

[가정 2] 한 형태소가 기원적으로 실사에서 왔고, 아직까지 어휘 의미가 남아 있다면, 이들의 결합 관계에서 어떤 식으로든 제약 현상을 보여줄 것이다.

[가정 3] 경어법적 조건에서 차이가 나는 이들의 형태가 보여주는 문법적인 제약 현상을 통하여 역으로 우리는 다음과 같은 가정을 할 수 있다. 즉 내포와 접속 그리고 문장의 종결에 두루 참여하는 경어법어미들이 일정한 양상을 보여준다면, 이들 내포어미, 접속어미, 종결어미가 각각 어떠한 지배 범위와 어떠한 의미 단락을 갖는지 개략적으로나마 비교할 수 있을 것이다. 특히 한 어미가 내포와 접속에 모두 참여한다

면, 이 어미들은 접속이나 종결에만 참여하는 어미들보다 의미 단락에
서 차이를 드러낼 것이다.

ㄱ) '-이-'

청자경어법은 접속문 구성의 선행절에 실현되지 않는다. 즉 청자경어
법의 '-이-'는 접속어미와 결합이 불가능하다. 이 '-이-'는 '-이-'와 '-잇
-'으로 실현되는데, 오직 종결어미 앞에만 나타난다.[3]

ㄴ) '-시-'

'-시-'로 실현되는 주체경어법은, 현대국어와 마찬가지로, '-니'뿐만
아니라 대부분의 접속어미에 '-시-'가 결합된다.

(1) a. 頂門온 우 업슨 果ㅣ시니 光明에 온가짓 보비 비치 겨시니라

--능엄1:39a

b. 化ᄒ시논 平等ᄒᆫ 慈ㅣ 더욱 無量功德 이론 주를 뵐기시니 비록 迦
葉이 잘 니르나 말쓰미 이어긔 밋디 몯홀씨 다시 뵈시니라

--월석13:43a

---

3) 특히 시가에서 서술 종결형의 'ᄒᆞᄂᆞ니라', 'ᄒᆞᄂᆞ니아', 'ᄒᆞᄂᆞ니이다'나 의문 종
   결의 'ᄒᆞᄂᆞ니잇가', 'ᄒᆞᄂᆞ니잇고'의 경우 문장의 종결 요소가 생략된 채 'ᄒᆞᄂᆞ
   니'의 형태로 문장의 종결 기능을 대신하기도 한다. 이때 생략되는 부분은 '계
   사 + 종결어미'의 경우와 '계사 + 이/잇 + 종결어미'의 경우로 나눌 수 있다.
   이러한 점을 고려하면, 선어말어미 '-이-'는 항상 종결어미와 행동을 같이하는
   것임을 알 수 있다.

ㄷ) '-ᅀᆞᆸ-'

'-ᅀᆞᆸ-'에 의해 실현되는 객체경어법은, '-니'뿐만 아니라 대부분의 접속어미에 '-ᅀᆞᆸ-'이 결합된다.

> (2) a. (내) 오ᄂᆞᆯ날 이런 法音을 듣ᄌᆞᄫᆞ니 ᄆᆞᅀᆞ미 踊 躍ᄒᆞ야 녜 업던 이ᄅᆞᆯ 得과이다
>
> --월석12:2b

> b. (王이) 묏고래 나와 전檀香 싸코 香蘇油로 ᄉᆞ숩고 舍利로 七寶塔 셰ᅀᆞᄫᆞ니 薩埵大子ᄂᆞᆫ 釋迦ㅣ시고 父王ᄋᆞᆫ 淨飯王이시고
>
> --월석11:9b

한편 접속문 구성에서의 경어법 제약은 후기 중세국어와 현대국어가 크게 다를 바 없어 제약의 변화가 없었다고 할 수 있다. 왜냐하면 근본적으로 접속문 구성과 경어법은 통사적으로 서로 비관여적이기 때문이다.

나) 시상법 선어말어미

후기 중세국어의 시상법은 선어말어미가 다양하게 발달되어 있어 이를 통해서 실현된다. 이 시상법의 선어말어미들은 다음과 같이 분류할 수 있다.

> (3) a. 과거 시상의 어미 : '-거/어-, -아/어-, -더(러-)'
>   b. 현재 시상의 어미 : '-ᄂᆞ-'
>   c. 미래 시상의 어미 : '-리-'

d. 확인 시상의 어미 : '-니-'

후기 중세국어는 현대국어와는 달리, 접속문 구성에서 접속어미와 시상어미와의 결합이 상당히 제약적이다. 하지만 접속어미 '-니'의 경우 접속어미 중 가장 제약을 덜 받는 것으로 나타나고 있다.

ㄱ) 과거 시상의 어미

① '-거-'[4]

'-거-'는 기본적으로 [과거]라는 시제를 나타내지만, 부차적으로 '과거에 완료된 동작'이라는 상을 나타내기도 하므로 하나의 서술 내용을 완료된 것으로 단정지어 [강조]하는 효과가 있다. 특히 '-거-'가 '-니'와 결합하여 [대립]에 의한 [강조]의 용법을 보이는데 본 연구에서는 이러한 용법을 중심으로 다룬다. 이 '-거-'는 '-늘, -든' 등에 필수적으로 결합하여 하나의 단일어미로 굳어진 것처럼 보인다. 허웅(1975)에서는 이때의 '-거-'를 분석하기가 어렵다고 인식하면서도 '-거-'가 다른 형식에서도 나타나고 의미 기능도 [강조]의 기능을 그대로 유지한다고 보고 일단 모든 환경에 나타나는 선어말어미 '-거-'를 분석하는 태도를 취하고 있다. 반면에 이숭녕(1981:300~1)에서는 'ㅎ니'형과 'ㅎ거니'형의 문장 구조를 검토하면서 'ㅎ니'형은 단순한 [전개법]으로, 'ㅎ거니'형은 어느 [조건]의 전개 또는 [가상]의 전개가 되는 것으로 보아 '거니'를 [반

---

4) 선어말어미 '-거-'와 '-어-'는 음운 실현, 위치 변동(배열 관계), 통합 관계 등에서 차이를 보인다. 그러나 이들의 의미 기능이 [강조--영탄법]이라는 하나의 의미로 묶일 수 있다는 점과 본 연구에서 다루는 선어말어미 '-니-'와 어말어미 '-니'와의 형태론적 결합 양상에서 차이를 보이지 않기 때문에 일단 구별하지 않고 분석하기로 한다. '-거-'와 '-어-'의 차이점 및 교체에 대해서는 허웅(1975:923~943)과 고영근(1980)이 참고된다.

의 가상법]으로 다루고 있다. 한편 고영근(1987:120)에서는 계열 관계와 결합 관계를 고려하여, '-거늘, 거든'의 '-거-'는 이미 분석할 수 없을 정도로 하나의 어미로 굳어진 것으로 보고 있으나, '-거니'의 경우에는 계열 관계 및 통합 관계를 고려하여, 분석이 가능한 것으로 보고 있다.

(4) a. (부톄 阿難ᄃ려 니ᄅ샤ᄃ) 네 着디 아니ᄒ논 거슨 잇ᄂ녀 업스녀
　　　업스면 거부븨 터리와 톳긔 ᄲᆯ ᄀ거니 엇뎨 着디 <u>아니ᄒ료</u>

--능엄 1:74a

b. 내 本來예 菩提 보디 <u>몯거니</u> 엇뎨 다시 菩提 일울리 <u>이시리오</u>

--능엄 10:9a

c. 舍利弗아 十方世界예 二乘도 <u>업거니</u> ᄒ몰며 세히 <u>이시리여</u>

--석보 13:56a

(5) a. 머리며 누니며 손바리며 모맷 고기라도 비는 사ᄅ몰 <u>주리어니</u> ᄒ몰
　　　며 녀나몬 <u>쳔랴이ᄯ녀</u>

--석보 9:13a

(6) a. 差科ᄂ 주거ᅀ 마로리니 <u>盟誓ᄒ려니</u> 지비 다 逃走티 <u>아니ᄒ리라</u>

--두초 15:42b

b. 내 仁義禮智信을 아라 <u>行ᄒ가니</u> 너를 恭敬호미 맛당티 아니ᄒ니라

--금강 21b

(7) a. 눗비치 브ᄉ왜니 하놀콰 ᄯ쾌 爲ᄒ야 오래 <u>눗갑거니</u> <u>높거니</u> ᄒ니라

--두초 16:47b

b. 하늘 풍류 虛空애 ᄀᆞᄃᆞᆨᄒᆞ야 곳비 비흐며 香 퓌우고 길 잡숩거니미
조쫍거니 ᄒᆞ야 ᄂᆞ려오더라

--석보 11:13a

　[강조]를 나타내는 선어말어미 '-거/어-, -가/아-'가 선행하면, 그 뒤
에는 대부분 뒤집음말이 오게 된다. 뒤집음말은 물음의 형식으로써 그
와 반대되는 사실을 강조하는 표현법이기 때문에, 앞의 강조의 선어말
어미와 합세하여 강조의 뜻을 한층 효과적으로 나타낸다(허웅, 1975:524
참고). (4)가 그 예문들이다. 또한 (5)의 예문에서처럼 후행절이 수사의
문문의 형식으로 연결될 수도 있다. 그러나 '-거니'에 의해 연결되는 모
든 문장들의 선·후행절의 관계 의미가 [대립]으로만 나타나는 것은 아
니다. 위의 예문 (6)이 그 예들이다. 따라서 '-거니' 자체가 단일한 의미
기능([대립]에 의한 [강조])을 나타낸다고 보기는 어렵고 선·후행절의 관
계 의미에 따라서 이러한 의미가 분화되어 나온 것으로 보아야 한다.
결국 예문 (4)~(6)에 나타나는 '-거니'는 '거 + 니'로 분석해야 한다. 마
지막으로 보통 [나열]의 기능을 보이는 '-니… -니'의 구성에서 선어말
어미 '-거-'가 선행하는 경우가 있는데, 위의 (7)이 그 예들이다. '-니…
-니'의 '-니'와 단독으로 나타나는 '-니'를 달리 볼 것인가는 뒤에서 논
의할 예정이지만, 우선 '-니… -니' 구성이 존재한다는 점에서 '-거니…
-거니' 구성의 '-거-'를 분석한다.
　위에서 논의한 바를 근거로 필자는 중세국어에서의 '-거-'가 다음과
같이 3단계로 변화한 것으로 추정한다.

1단계(전기 중세국어의 시기) : 모든 환경의 '-거'는 분석이 가능하다.
2단계(후기 중세국어의 시기) : ① '-니'에 선행하는 '-거-'는 완전히 분석
　　　　　　　　　　　　　　　　된다.
　　　　　　　　　　　　　　　② '-늘' 및 '-든'에 선행하는 '-거'는 과도

적 모습[5]을 보인다.

3단계(근대국어 이후의 시기) : 모든 환경의 '-거-'는 분석이 불가능하다.

다만, 불구적 접속어미[6]로만 쓰이는 '-거늘'이나 '-거든'을 고려하고, '-거니'에 후행하는 절이 대부분 의문문 구성을 보이면서 선·후행절의 관계 의미가 [양보]의 의미로 파생될 수 있다는 점을 고려하여, 후기 중세국어의 선어말어미 '-거-'는 독자적 기능을 상실해 가는 과도적 형태의 선어말어미로 본다.

② -더(러-)

'-더-'는 과거 회상의 의미를 갖는 것으로 현대국어에서는 특수한 경우를 제외하고 주어가 일인칭인 경우와는 결합이 불가능한 것으로 인식되고 있는데, 후기 중세국어에서는 (9)와 같이 결합에 아무런 장애가 없는 것이 특징이다.

(8) a. <u>迦葉이</u> 阿難이룰 ᄒᆞ야 부텻 <u>經藏알</u> <u>모도더니</u> 阿難이 座애 올아 앉거늘 모댓ᄂᆞᆫ 사ᄅᆞ미 疑心올 세 가지로 호더

--석보 24:3b

---

5) 과도적 모습이란 후기 중세국어의 경우 '-늘'이나 '-든'만으로 쓰이는 일이 없다는 점에서 분석할 수 없지만, 주체경어법 어미 '-시-'에 의해 분리가 가능하고, [강조]의 의미 기능이 남아 있다는 점에서는 분석이 가능한 상태를 보이는 것을 말하는데, 이때 '과도적'이란 말은 근대국어에 이르는 과정에서 분석할 수 없는 하나의 어미로 굳어진 사실을 염두에 두고 쓴 것이다.

6) 일반적으로 접속어미는 어간에 직접 연결될 수 있는 것이 원칙이다. 그러나 어떤 특수한 접속어미는 반드시 특정한 선어말어미의 개입을 요구하는 것이 있다. 이때 전자를 정상적인 접속어미라고 하고 후자를 불구적 접속어미라고 한다(허웅, 1975:481 참고).

b. 그 쁴 王이 귓것 위하야 차바놀 만히 准備하야 뒷더니 그 상재 그
런 한 차바놀 즉자히 다 먹고 순지 비룰 몯치와

--석보 24:22b

c. 내 지븨 이셔 샹녜 環刀ㅣ며 막다히룰 두르고 이셔도 두립더니 이
제 하오사 무덦 서리옛 나모 아래 이셔도 두리부미 업소니

--월석 7:5b

(8a, b)는 주어가 삼인칭의 경우로 당연히 인칭법 선어말어미가 나타
나지 않으나, (8c)는 주어가 일인칭인데도 인칭법 선어말어미가 나타나
지 않는 것이다.

(9) a. 나도 조쫍봐 가다니 두 아히 몰앳 가온디 이셔 노다가 부텨 오시
거늘 보습고

--석보 24:45b

b. 老夫ㅣ 平生애 奇怪한 이룰 즐기다니 이룰 對하야셔 興이 精靈과
다못 몬느다

--두초 16:32b

c. (父母ㅣ) 나룰 하오사 믌 ᄀᅀᅢ 잇다니 그 므리 漸漸 겻거늘 한 아
기란 업고 새 나하니란 치마예 다마 이베 믈오 브르노라

--월석 10:24a

(9a)는 주어가 일인칭으로 쓰인 경우이고, (9b)는 주어가 '老夫'로 나
타나서 표면적으로는 3인칭 같지만, 이 '老夫'는 이 詩의 작자인 杜甫
자신을 가리키는 말이므로 일인칭의 주어라고 할 수 있다. (9c)는 사동
구문으로 현대어로 옮기면 "부모가 나를 혼자 물가에 있게 하더니" 정

도의 뜻을 갖는데 엄밀히 말하면 이 문장의 주어는 '부모'라는 삼인칭 주어로 볼 수 있어, 과거 회상의 '-더-'에 인칭법 선어말어미 '-오-'가 결합한 '-다'가 쓰인 것은 특이하다. 이는 후기 중세국어 사동구문의 한 특징으로 볼 수도 있지만 더 이상의 논의는 하지 않는다.

ㄴ) 현재 시상의 어미

현재의 시상어미 '-ᄂ-'는 종결어미와는 대부분 결합하는 데 반해 접속어미 가운데서는 '-니'와만 결합할 뿐 다른 접속어미와 결합하는 예는 찾아볼 수가 없다. 그만큼 '-니'는 종결어미에 비견될 정도의 결합 양상을 보인다.

(10) a. 大德하 사ᄅᆞ미 다 모다 <u>잇ᄂᆞ니</u> 오쇼셔

--석상 6:29

b. 生死애 다 便安티 몯게 <u>ᄒᆞᄂᆞ니</u> 엇뎨어뇨 ᄒᆞ란디

--월석 21:123

ㄷ) 미래 시상의 어미

다음에 살펴볼 [확인] 시상의 '-니-'와는 달리 미래 시상어미 '-리-'는 비교적 다양한 접속어미와 결합될 수 있다. 다음이 그 목록과 예들이다.

(11) '-고, -며, -ㄴ대, -니와, -나, -고도, -디, -니, -ㄹ쎄, -ㄴ댄, -관디, -ㄴ마론, -든, -늘, -다가, -곤'

(12) a. 노ᄑᆞᆫ ᄀᆞ슬히 다 가난ᄒᆞᆫ 사ᄅᆞᄆᆞᆯ 여르믈 <u>머기리니</u> 오ᄂᆞᆫ 히엔 도로

누네 ㄱ도기 뵈ᄂᆞᆫ 고지 프리라

--두초 15:22a

b. 弟子ㅣ 羅漢比丘를 주거든 羅漢比丘의 弟子ㅣ 三藏比丘를 <u>주기리</u>
니 그저긔 天龍 八部ㅣ 다 시름ᄒᆞ야 ᄒᆞ거든…

--석보 23:35

(13) a. 그 數ㅣ 算ᄋᆞ로 몯내 <u>아리오</u> 오직 無量無邊阿僧祇로 닐옳디니

--월석 7:70

b. 눌 더브러 무러ᅀᅡ <u>ᄒᆞ리며</u> 뉘ᅀᅡ 能히 對答ᄒᆞ려뇨

--석상 13:15

c. 남ᄃᆞ록 닐어도 몯다 <u>니르리어니와</u> 그러나 뎌 부텻 짜히 雜말 업시
淸淨ᄒᆞ고 겨지비 업스며

--석상 9:10

d. 英雄의 버혀 브텨슈미ᅀᅡ 비록 <u>말리나</u> 文彩와 風流ᄂᆞᆫ 이제 오히려
잇도다

--두초 16:25

(11)은 '-리-'가 결합될 수 있는 접속어미 목록이며, (12)는 '-리-'가
'-니'에 결합된 예문들이고, (13)은 그 밖의 예문들이다.

ㄹ) 확인 시상의 어미

확인의 시상어미 '-ㄴ-'와 이 '-ㄴ-'에 인칭법 선어말어미 '-오-'가 결
합된 통합형 선어말어미 '-과/와-'는 접속어미의 어떤 것과도 결합되지

아니한다. 이때의 확인 시상의 선어말어미 '-니-'는 어떤 사건이나 상황을 인식하는 화자의 판단을 말하는 것이다. 따라서 화자가 단언할 수 있는 환경을 생각할 때 '-니-'가 접속문의 선행절보다는 후행절에 나타난다는 것은 당연하다.

접속어미 '-니'와 확인의 선어말어미 '-니-'와는 형태상의 공통성만이 아니라 의미상의 공통성이 있기에 <-니- + -니>의 구성이 불가능한 것으로 보인다. 더욱이 '-니-'에 인칭법의 '-오-'가 결합된 '-와/과-'와도 결합되지 않는 것을 감안하면, 확인의 시상어미 '-니-'와 접속어미 '-니'는 분포 및 기능이 일부분 중첩되는 것으로 이해된다.

위에서 분석해 본 바와 같이 시상어미와 접속어미의 결합관계는 상당히 제약적이다. 접속어미 '-니'가 갖는 이러한 시상법 제약의 특징은 다음과 같다.

[접속어미 '-니'의 시상법 제약]
대부분의 접속어미가 시상법 어미와의 결합이 상당히 제약적인 반면에 접속어미 '-니'는 확인의 시상어미 '-니-'와 여기에 인칭법의 '-오-'가 결합된 '-와/과-'하고만 제약이 될 뿐 대부분의 시상법 어미와 결합이 자유롭다.

다) 인칭법 선말어미와의 결합

인칭의 대립에 의하면 비종결어미의 결합이 대립을 이루는 문법 범주를 인칭법이라 한다. 15세기 국어에서는 이러한 인칭법이 1인칭과 2/3인칭의 대립으로 실현된다.7) 이러한 인칭법을 접속문 구성과 관련하여 분석한다.

첫째, 선어말어미 '-오/우- : -φ-' 대립에 의한 인칭법의 경우를 살

---

7) 허웅(1975:732~807, 900~905, 932~943) 참고.

펴보기로 한다. '-오/우-'가 다른 문법적 기능을 가지는 경우도 있지만, 이것이 인칭법에 관여하기도 한다. '-오/우-'와 '-φ-'의 대립에 의해 1인칭과 2/3인칭의 대립을 실현한다. 이러한 '-오/우-:-φ-'에 의한 인칭법이 후기 중세국어의 접속어미 '-니'와 어떠한 결합 관계를 보여주는지에 대해 살펴보기로 한다.

인칭법 선어말어미 '-오-'는 대부분 독립적인 음운 형식으로 존재하지 못하고 다른 선어말어미와 융합된 상태로 나타나기 때문에 형태소 분석에 어려움이 따른다. 접속어미 '-니'와 인칭법 선어말어미 '-오-'가 결합한 형태로 '호니'형이 있고, 어미구조체로는 '-가니', '-다니', '-노니' 등이 있다.

ㄱ) '호니'형의 경우

(14) a. 내 <u>혜여호니</u> 이제 世尊이 큰 法을 니르시며

--석상 13:26

b. 舍利弗이 혼 獅子ㅣ룰 <u>지어내니</u> 그 쇼롤 자바 머그니

--석상 6:32

(14a) '혜여호니'의 '호니'는 '호 + 오 + 니'로 분석되는데, 어미 '-니'에 의해 접속된 문장으로 선행절의 주어가 1인칭이다. 따라서 '-오-'가 통합되어 있다. 그러나 (14b)는 주어가 3인칭이다. 따라서 '-오-'가 결합이 안 된 '지어내니'로 실현되어 있다.

ㄴ) '-가니'의 경우

(15) a. 내 仁義禮智信을 아라 <u>行호가니</u> 너를 恭敬호미 맛당티 아니호니라

--금강 21b

b. 사르미 눈 이셔 볼곤 횟 中에 *處홈 곧거니* 어딀 보디 몯ᄒ료

--금강 89a

(15a)의 '行ᄒ가니'의 'ᄒ가니'는 'ᄒ + 거 + 오 + 니'로 분석되는데, 어미 '-니'에 의해 접속된 문장으로 선행절의 주어가 1인칭이다. 따라서 '-오-'가 결합되어 있다. 그러나 (15b)는 주어가 3인칭이다. 따라서 '-오-'가 결합이 안 된 '곧거니'로 실현되어 있다.

ㄷ) '-다니'의 경우

(16) a. 나도 조쪼바 *가다니* 두 아히 몰앳 가온디 이셔 노다가 부텨 오시거늘 보ᅀᆞᆸ고

--석보 24:45b

b. 그 ᄢᅦ 王이 귓것 위ᄒ야 차바눌 만히 *准備ᄒ야 뒷더니* 그 샹재 그런 한 차바눌 즉자히 다 먹고 슨지 비룰 몯치와

--석보 24:22b

(16a)의 '가다니'는 '가 + 더 + 오 + 니'로 분석되는데, 어미 '-니'에 의해 접속된 문장으로 선행절의 주어가 1인칭이다. 따라서 '-오/우-'가 결합되어 있다. 그러나 (16b)는 주어가 3인칭이다. 따라서 '-오/우-'가 결합이 안 된 '모도더니', '뒷더니'로 실현되어 있다.

ㄹ) '-노니'의 경우

(17) 겨지비 보고 어버ᅀᅴ게 *請ᄒ더* ᄂᆞ미 겨집 *드외노니* 출히 뎌 고마 ᄃᆞ

외아지라 ㅎ리 열히로더

--법화 2:38

(17)의 밑줄친 '-노니'는 '~하는 것보다'의 뜻을 나타내는데, 허웅 (1975:611)에서는 이 때의 '-노니'를 [비교법]이라 하여 다음 (18)의 [제약법]의 '-노니'와 구별하고 있다. 그러나 이 논의의 '-거니'의 경우에서 이들이 [대립]에 의한 [강조]라는 파생된 의미를 보여준다더라도 일단 그러한 의미를 [제약법]에서 파생된 것으로 본 것을 고려하면, 이때의 '-노니'도 [제약]의 의미를 보여주는 다른 '-노니'와 분리하여 [비교법]에서 다루는 것은 합리적이지 못하다. 예문의 양이 극히 한정되어 있으며, 명사구 구성(ㄴ+이)이 나열되면서 [나열]의 의미가 자연스럽게 파생될 수 있고, 다시 단순한 [나열]에서 내용상의 [비교]의 의미가 파생되고, [차등 비교]에서 [극성 비교]로 발전해 가면서 [대립]의 의미까지의 파생과정을 논리적으로 설명할 수 있기 때문이다.

(18) a. 내 본더 불여 <u>돈니노니</u> 이제 ᄯᅩ 어듸 가 이실고

--두초 21:39b

b. (내) 늘근 나해 正히 病이 侵陵ᄒ요몰 苦로이 <u>너기노니</u> 첫 녀르메 엇뎨 모로매 氣運이 ᄢᅴ논 ᄃᆞ거니오

--두초 10:23b

다음 (20~21)의 예문에서처럼 '-노니'가 '~하는 것(은)'의 의미로 해석될 수도 있다. 특히 '말하다'류 동사에 '-노니'가 연결되면, 후행하는 절은 대부분 직접 인용문의 형식을 보이는데, 통사 기능상으로 이 '-노니'가 이끄는 '절'이 후행의 인용문에 대한 주어로서의 역할을 한다고 볼 수도 있다. 따라서 이때의 '-노니'는 (19)와 같이 분석될 수 있다.

(19) ᄂᆞ(시상의 선어말어미) + 오(인칭법 선어말어미)8) + ㄴ(관형사형어미)
    + 이(의존명사) + 이(주격조사)

이러한 점을 고려하면, (17)의 '-노니'가 '∼하는 것(보다)'로 해석되는
것과의 관련성을 부인할 수 없다. 이러한 의미와의 관련성은 뒤에서 자
세히 논의한다.

(20) a. 阿難我說佛法從因緣生非取世間和合麤相

--능엄 5:25a

   b. 阿難아 내 佛法이 因緣을 브터 나ᄂᆞ니라 니르노니 世間앳 和合ᄒᆞᆫ
      멀터운 相ᄋᆞᆯ 取혼디 아니니라

--능엄 5:25b

   c. 阿難아, 내가 말하기를 '佛法이 因緣으로부터 난다'고 한 것은 世
      間의 和合麤相을 가리킨 것이 아니니라

--운허역:208∼209

(21) a. 爲問南溪竹抽梢合過

--두초 23:28a

   b. (내) 南溪옛 대롤 爲ᄒᆞ야 묻노니 돈 ᄂᆞᆫ 가지 다매 너무미 맛당ᄒ
      니라

--두초 23:28a

─────────────
8) 전정례(1991)에서는 명사구 구성에 참여하는 중세국어의 어미 '-오-'를 내포
   선어말어미로 규정하고 있는데, 이때 '-니'에서 재분석되는 '-ㄴ'의 기원이 동
   명사형어미였다는 필자의 추정과 '-노니'가 나타내는 의미를 고려하면, '-노
   니'가 'ㄴ(관형사형어미) + 오(내포 선어말어미) + 이(의존명사)로 분석될 가
   능성도 있다.

　　(20a)는 간경도감본 능엄경언해의 한문 원문이고, (20b)는 같은 본의 언해문이며, (20c)는 이운허 스님이 현대어로 옮긴 문장이다. (20b)와 (20c)의 문장 구조를 비교해보면, (20b)의 <내 … 니ᄅ노니>는 그 문장 전체의 주어 명사구의 기능을 한다고 할 수 있다. 따라서 '니ᄅ노니'의 '-노니'는 'ㄴ(관형사형어미) + 오(내포문 선어말어미) + 이(의존명사) + 이(주격조사)'로 재분석될 수 있다. (21a)는 두시언해의 한문 원문이고, (21b)는 그에 대한 언해문이다. (20)의 예를 고려하면, (21b)의 '-노니'도 'ㄴ + 오 + 이 + 이'로 재분석될 수 있다.

　　(22) 願ᄒ노니 가나가지이다 願ᄒ노니 가나가지이다 願ᄒ노니 彌陁會中坐애 이셔 소내 香花 자바 샹녜 供養ᄒᅀᆞ바지이다

--월석 8:96a

　　(22)의 경우 '願ᄒ노니'에 후행하는 직접 인용문 '가나가지이다'가 '願ᄒ'는 구체적 내용이 되는 것으로 이때의 '願ᄒ노니'는 명사구로 주어 구실을 하고 있다고 볼 수 있다. 이와 비슷한 경우로 '願ᄒᆞᄃᆞᆫ'이 있다.

　　(23) a. 賤子ㅣ 請ᄒᆞᄃᆞᆫ 다 베퍼 닐오리라

--두초 19:1a

　　　　 b. 釋女둘히 술보디 願ᄒᆞᄃᆞᆫ 니ᄅ쇼셔

--월석 10:23a

　　(23a)와 (23b)의 경우에 '願ᄒᆞᄃᆞᆫ'은 후행하는 직접 인용문의 '주어'의 구실을 하는 것으로 볼 수 있다. 따라서 '願ᄒ노니'와 '願ᄒᆞᄃᆞᆫ'을 비교하면 '願ᄒ노니'의 의미가 "願ᄒ는 것은" 정도의 의미를 갖는다는 앞서의 논의가 설득력 있는 것이 된다. 그러나 다음과 같은 예는 '願ᄒ노니'와

'願ᄒᆞᆫ' 이 동일한 의미를 갖는 것은 아니라는 추정을 하게 한다.

> (24) 世尊하 내 이제 多寶佛ㅅ모물 보ᅀᆞᆸ고져 ᄒᆞ노니 願ᄒᆞᆫ든 世尊하 나를
> 보ᅀᆞᆸ게 ᄒᆞ쇼셔
>
> --석상 20:44a

(24)를 현대어로 옮기면, "세존이시여 제가 이제 多寶佛의 몸을 보고자 하오니 (내가) 願하는 것은 '세존이시여 나에게 보여 주소서'입니다" 정도의 뜻을 가진다. (24)의 전체 문장의 주어는 '願ᄒᆞᆫ든'이 되며, <내…~ᄒᆞ노니>의 후행절은 '(내) 願ᄒᆞᆫ든… ~ᄒᆞ쇼셔'가 된다. 따라서 이때 '-노니'의 '-니'는 [이유]의 의미을 갖는다. 그러나 逆으로 (24)의 '願ᄒᆞᆫ든'에 직접 인용문이 후행한다는 것과 (22)의 '願ᄒᆞ노니'에 직접 인용문이 후행한다는 것을 고려하면 '보ᅀᆞᆸ고져 ᄒᆞ노니 願ᄒᆞᆫ든'은 '보ᅀᆞᆸ고져 願ᄒᆞ노니'로 대치될 수 있다는 것을 의미한다. 따라서 후기 중세국어의 '-노니'는 명사구 구성을 아직 유지하는 것으로 인식될 수 있는 것(17)과 완전히 [전제→이유]의 접속어미로 변화된 것으로 인식될 수 있는 것(18), 그리고 이 변화의 과정에 놓이는 것(20~24)으로 나누어 볼 수 있다.

라) 감동법 선어말어미

감동법은 현대국어에는 나타나지 않는 서법이다. 감동법의 선어말어미에는 '-돗-'이 대표적이고 약간 보수적인 '-옷-'이 있다. 또 '-ㅅ-'도 확인된다.[9]

> (25) a. 우리도 兵馬 뒷노소니 저티 아니ᄒᆞ리이다

---

9) 고영근(1987:243~247) 참고.

--석보 23:54b

b. 흔갓 玉帳앳 術法이 <u>머므렛도소니</u> 錦城엣 사ᄅᆞᆷ 시름케 ᄒᆞ놋다
--두초 23:05b

(25a)의 '뒷노소니'는 '두 + 잇 + ᄂᆞ + 옷 + 오 + 니'로 분석되고, (25b)의 '머므렛도소니'는 '머믈 + 어 + 잇 + 돗 + 오 + 니'로 분석된다.

2) 후행 요소와의 결합 관계

접속어미 '-니'는 후행 요소와의 결합에 있어 다른 접속어미에 비해 제약을 많이 받는다. 특수조사와 첨사 등의 보조조사[10)는 주로 명사 어간에 직접 붙거나 부동사어미 '-아/어'에 잘 붙는다. 금세기에 등장한 종결어미 다음에 붙는 첨사 '-요'를 제외하면 종결어미에 붙는 보조조사는 매우 드문 편이다. 보조조사는 다음과 같이 상대적인 제약 현상을 보이고 있다.

명사어간 > 부동사어미 > 기타 접속어미 > '-니' > 종결어미

따라서 접속어미 '-니'는 후행 요소와의 결합 제약을 고려하더라도 종결어미와 유사한 특징을 보이고 있다고 할 수 있다. 접속어미 -니'는 명사구 접속에 쓰이는 보조조사 '-와'와 '-ᄯᅡᆫ'과의 결합을 보여주고 있다.[11)

---

10) 본 연구에서는 접속어미에 후행하는 요소인 특수조사와 첨사를 통칭하여 '보조조사'라는 용어를 쓴다. 종래의 논의에서 특수조사와 첨사의 구별이 모호해서 목록을 작성하는 데도 논자마다 다르고 중첩되는 일이 있기 때문이다.

11) 현대국어에서 접속어미 '-니'에 보조조사 '-만', '-만큼', '-만치' 등이 결합

개) '-와'

후기 중세국어의 접속어미 '-니'는 선행하는 여러 가지 선어말어미와 결합하여, 경어법, 시상법, 인칭법, 감동법 등의 문법 범주를 실현시키고, 또한 여러 가지 보조조사와 결합하여 좀더 명확한 의미 관계를 나타내기도 한다. 그러나 유독 '-니'만은 다른 보조조사와 결합하지 않고 체언을 [나열]시켜 주는 '-와'하고만 결합한다.

서태룡(1988:82~3)에 따르면 현대국어의 접속어미 '-니'의 결합적 특징은 선어말어미와의 결합에서는 제약이 없으나, 후행의 보조조사와는 '-만'을 제외하고는 결합이 불가능하다. 이러한 결합적 특징은 흔히 종결어미에서 발견되는 특징들로 접속어미 '-니'가 종결어미와 관련이 있음을 암시하는 것이라고 할 수 있다.

(26) a. 부텨는 煩惱를 뻐러브리실씨 죽사릿 受苦를 <u>아니ᄒ거니와</u> 샹녯 사ᄅᆞᆷ 煩惱를 몯뻐러 브릴씨 이 生애셔 後生因緣을 지ᅀᅥ 사ᄅᆞ미 ᄃᆞ외락 벌에ᄌᆈᆼ이 ᄃᆞ외락 ᄒᆞ야 長常 주그락 살락 ᄒᆞ야 受苦호ᄆᆞᆯ <u>輪廻라 ᄒᆞᄂᆞ니라</u>

--월석 1:12

b. 前塵온 크며 젹거니와 보ᄆᆞᆫ 펴며 움추미 업스니라(前塵온 <u>大小ㅣ 어니와</u> 見온 <u>無舒縮ᄒᆞ니라</u>

--능엄 2:41

할 수 있다. '-ᄂᆞ니만큼'이나 '-ᄂᆞ니만치'와 같은 어미 구조체에서의 '-니'는 접속어미가 아닐 가능성도 있지만, 중세국어에서나 현대국어에서 '-니'에 붙는 보조조사는 모두 체언(혹은 체언 상당어구)에만 붙는다는 점은 특기할 만하다.

중세국어 : '-니ᄯᆞᆫ', '-니ᄯᆞ녀', '-거니와'

현대국어 : '-더니만', '-ᄂᆞ니만큼', '-ᄂᆞ니만치'

(27) a. 술 머굼 조차 호물 둘히 <u>너기거니와</u> 글월 둘 郵驛ᄃ외요물 肯許ᄒ
리아(甘從投轄飮 肯定置書郵)

--두초 23:41

b. 色온 오히려 어루 <u>쎄혀리어니와</u> 空을 엇뎨 <u>어울오리오</u>

--능엄 3:70

c. 足히 힌 머리 드렛는 나홀 <u>모츠리어니와</u> 구틔여 노폰 士이 무레
<u>居ᄒ야리라</u>

--두초 6:48

(26)은 '-거니와'에 후행하는 절의 문체법이 서술법을 보여주고, (27)
은 후행절의 문체법이 의문법을 보여준다는 점에서만 다를 뿐 선·후행
절의 관계 의미는 [양보]로 동일하다. 특히 '-거니'의 경우 후행절에 의
문법의 문체법이 연결되어 [대립]에 의한 [강조] 즉 [양보]의 관계 의미
가 구체적으로 드러나게 된다.

고영근(1989:448)에서는 '-거니와' 자체의 형태 분석에 대한 언급은
없으나, '-거니'에서 '-거-'를 분석하는 예를 들어 보이는 곳에 '-거니와'
도 예로 든 것을 보면, '-거니와'에서 '-와'를 분석 가능한 것으로 보고
있음을 알 수 있다. 결국 고영근(1989)의 논의에서는 '-거니와'를 '거 +
니 + 와'로 분석하고 있다.

이숭녕(1981:302)에서 '-거니와'는 [반의 가상법]의 '-거니'에 보조조사
'-와'가 붙은 것으로 '한 사건을 기준으로 삼고 이와 비교하면서 다른
사건의 미래를 짐작할 때' 쓰인다고 하였다.

한편 허웅(1975:569~573)에서는 앞에서도 언급했듯이 15세기 국어의
경우에 선어말어미 '-거-'는 모두 분석할 수 있다고 보아 '-거니와 '에
서 '-거-'는 분석을 하고 있지만, '-니와'는 더 이상 분석하지 않고 있다.

안병희·이광호(1990:253), 김송원(1988:28)에서도 같은 태도를 보이고 있다. '-거-'를 분석한다는 점에서는 고영근(1989)와 허웅(1975)의 논의가 일치를 보이고 있다.

　필자는 다음과 같은 사실에 근거하여 '-거니와'는 '거 + 니 + 와'로 분석한다. '-거니'의 분석 과정에서도 언급했지만 구조적인 양상을 고려할 때나 의미와의 관련성을 고려할 때, 중세국어의 선어말어미 '-거-'는 모든 환경에서 분석이 가능하다. 이러한 사실을 전제로 하여 '-거니와'는 다음과 같은 두 가지 분석 가능성만이 남는다.

　　(28) a. ([거] + [니와])
　　　　 b. ([거 + 니] +[와])

　우선 허웅(1975)의 논의에 따라 (28a)로 분석할 경우에는 '-니와'만이 독자적으로 나타나지 않는다는 점에서 구조적인 지원을 받을 수 없고, 의미면에서도 '-거니'가 보여주는 선·후행절의 관계 의미([대립]에 의한 [강조])와 '거니와'가 보여주는 관계 의미([양보])가 상관성을 보이고 있다. 따라서 본 연구에서는 (28b)처럼 일차적으로 '-거-'에 '-니'가 결합되고, 이 '-거니'에 다시 '-와'가 결합된 것으로 분석한다.

　'-거니'의 경우에도 '-거니와'의 경우와 마찬가지로 선행절의 내용이 후행절에서 뒤집어지는 상황이 전개된다는 점에서 '-거니'에 '-와'가 결합되어 '-거니'에서 파생 의미로 쓰였던 [대립]에 의한 [강조]의 의미가 더 강화되어 [양보]의 의미까지 파생되어 쓰이는 것으로 본다.

　한 가지 지적하고 싶은 것은 후기 중세국어의 접속어미 중에서 '-니'만이 보조조사 '-와'하고 결합되어 나타난다는 점에서 접속어미 '-니'가 'ㄴ + 이'라는 명사구에 기원을 두고 있다는 추정을 하게 된다는 것이다. '-노니'의 경우에도 의미상으로 명사적인 특성을 보인다는 점과 상통하는 면이 있다. 이 점에 대해서는 [나열]의 접속어미를 분석하는 과정에서 구체적으로 검토한다.

나) '-ᄯᆞᆫ'

'-니'에 '-이ᄯᆞᆫ'이나 '-이ᄯᆞ녀'가 연결되기도 한다. 허웅(1975:527~8)에서는 접속어미 '-니'에 '-이ᄯᆞᆫ(이여)'가 연결되어 문장을 종결하는 것으로 보고, 이것을 [제약법]의 예외적인 용법으로 처리하고 있다. 이때 '-이ᄯᆞᆫ(이여)'는 더 이상 분석하지 않고 전체를 보조조사로 처리하고 있다. 그러나 본 연구에서는 '-이ᄯᆞᆫ'을 더 분석하고, '-이ᄯᆞᆫ'과 '-이ᄯᆞ녀'도 구별해서 다룬다.

(29) a. ᄂᆞᄎᆞᆯ 거우ᅀᆞᄫᆞᆫᄃᆞᆯ ᄆᆞᅀᆞᆷ잇ᄃᆞᆫ 뮈우시리여

--천강곡 상, 기62

b. ᄉᆞᆯ히 여위신ᄃᆞᆯ 金色잇ᄃᆞᆫ 가ᄉᆡ시리여

--천강곡 상, 기62

(30) a. 구스리 바회예 디신ᄃᆞᆯ … 긴힛ᄃᆞᆫ 그ᄎᆞ리잇가 … 즈믄 ᄒᆡᄅᆞᆯ 외오곰 녀신ᄃᆞᆯ … 信잇ᄃᆞᆫ 그ᄎᆞ리잇가

--악장가사; 서경별곡, 정석가

(31) a. ᄒᆞ다가 아로미 업ᄉᆞᇙ딘댄 ᄆᆞᄎᆞ매 草木 ᄀᆞᆮ거니ᄯᆞᆫ(若無知者ㅣᆫ댄 終如草木거니ᄯᆞᆫ)

--능엄 3:41

b. ᄒᆞ다가 空애셔 낧딘댄 드로미 이시면 性이 이러 곧 虛空이 아니어니ᄯᆞᆫ (若虛空애셔 出인댄 有聞ᄒᆞ면 成性이라 卽 非虛空이어니

쏜

--능엄 3:6

(29)는 15세기 문헌의 경우이고, (30)은 고려가요의 경우로, 각각 체
언에 '-쏜'이 직접 연결된 것이고, (31)은 어미구조체 '-거니'에 각각 '-
쏜'이 결합한 것이다. (29a)의 '무숨잇둔'은 '마음이야 어찌', (29b)의 '金
色잇둔'은 '金色이야 어찌' 정도의 의미를 나타내고, (31a)는 이를 현대
어로 옮긴 이운허(1974:116)에서 "만일 아는 이가 없다면 草木과 같으니
라"로 해석하고 있다. 그러나 이 해석은 [강세]의 '-쏜'을 고려하지 않은
것으로 필자는 (31a)를 "만약 이를 알지 못한다면, 어찌 草木과 같다고
하지 않을 수 있겠는가?"로 해석하며, 이때의 '-쏜' 뒤에 '여(이어)'가 생
략된 것으로 본다. 결국 이 문장은 '만약 이를 알지 못한다면, 草木과
다르지 않다'는 것을 [강조]하는 것이다. 후기 중세국어의 '-쏜'은 전형
적인 보조조사의 용법(29, 30)과 '-쏜' 뒤에 계사의 활용형 '-여'가 생략
되어 문장 종결의 용법을 보이는 것(31)으로 쓰이고 있는 것이다.

그러면 지금부터 '-니쏜'의 형태 분석을 하기로 한다. '-쏜'은 (29, 30)
에서와 같이 '체언 + 이(계사)'의 구성과 (31)에서와 같이 접속어미 '-니'
다음에 연결된다. 따라서 전자의 구성을 고려하면, '-니쏜'은 다음과 같
이 세 가지의 재분석 가능성이 존재한다.

(32) a. ㄴ(관형사형어미) + 이(의존명사) +쏜(?)
    b. ㄴ(관형사형어미) + 이(의존명사) + 이(계사) + 쏜(?)
    c. ㄴ(명사형어미) + 이(계사) + 쏜(?)

(32a)는 '-ㅅ'의 결합 분포를 염두에 둔 것이다. '-쏜'은 기원적으로
'ㅅ(속격/관형격) + 둑(의존명사) + ㄴ(주제화 첨사)'의 구성에서 문법화의
과정을 거친 것이다. 이때 '-ㅅ'에 선행할 수 있는 것은 체언 및 체언

상당어구뿐이다. 따라서 '-ㅅ'에 선행하는 '-니'에는 체언의 요소가 있어야 하는데 '-니'를 관형사형어미(-ㄴ)에 의존명사(이)가 결합한 것으로 보면 된다. (30)처럼 고려가요의 경우에는 (32a)가 타당하다. 그러나 후기 중세국어의 경우에는 (32b)가 타당한 것으로 판단된다. 이것은 다음에 살펴볼 'ᄒᆞ거니ᄯᆞ녀'와 '이쇼미ᄯᆞ녀'의 비교 분석에서 더 검증될 것이다. (32b)는 접속어미의 구조체 '-거니'와의 관련성을 고려한 것이다. 즉 (29)를 보면, '-니'에 선어말어미 '-거-'가 항상 선접하게 되는데, 이때 '-ᄯᆞᆫ'은 어미 '-니'에 붙는 것이 아니고, '-거니'에 붙는 것으로 인식된다. 왜냐하면 '-거니'에 보통 'ᄒᆞ물며 … ~이ᄯᆞ녀'의 구조를 갖는 후행절이 연결되어 [대립]의 의미가 부차적으로 나타나는데, 이때 '~ᄒᆞ거니ᄯᆞᆫ'은 '~ᄒᆞ거니 ᄒᆞ물며 … ~이ᄯᆞ녀'의 구조에서 후행절의 내용이 생략되고 어말어미 '-ᄯᆞ녀'가 '-거니'에 직접 붙은 것으로 이해되며, '-거니ᄯᆞ녀'에서 '-여'가 생략되어 '-거니ᄯᆞᆫ'으로 종결의 기능을 하는 것으로 이해되기 때문이다. 따라서 '-거니ᄯᆞᆫ'의 '-거니'와 '-거니 ᄒᆞ물며 … ~이ᄯᆞ녀'의 '-거니'가 동일하다면, '-니ᄯᆞᆫ'은 (32a)와 같이 되어야 한다. (32c)는 계사 '-이'가 생략되지 않고, 계사 '-이'에 명사형어미 '-ㄴ'이 직접 선행하고 있는 것으로 본 것이다. 그러나 접속어미의 구조체인 '-거니'와의 관련성을 고려하면, 이러한 분석은 타당성이 없다. '-니ᄯᆞᆫ'을 (32a)처럼 재분석한다면, 결국 접속어미 '-니'는 기원적으로 'ㄴ(관형사형어미) + 이(의존명사)'의 구성에서 왔다고 할 수 있다.[12)]

12) 허웅(1975:386)에서는 '-거니ᄯᆞᆫ'과 '-거니ᄯᆞ녀'의 예를 고려하여 "이 토씨는 말의 끝 서술어에 붙는 것인데, 이것이 다른 토씨와 다른 특색이다"라고 언급하고 있는데, 필자의 논의대로 '-니'를 '-ㄴ(관형형어미) + 이(의존명사)'로 재분석하면, 이들 보조조사가 체언 이외에 '-니'에도 결합하는 것을 예외적인 용법으로 처리하지 않아도 된다.

다) '-이ᄯᆞ녀'

허웅(1975:527~528)과 고영근(1989:447)에서는 '-거니'에 특수조사(토씨) '-이ᄯᆞᆫ(이여)'가 연결되어 문장을 종결하는 경우를 제약법의 예외적인 용법으로 처리하고 있다. 이 어형은 '그런데 어찌'의 뜻을 나타낸다.

(33) a. (ᄒᆞ다가 衆生이) 이베 디녀도 이 金剛王이 샹녜 뎌 善男子ᄅᆞᆯ 조ᄎᆞ리니 ᄒᆞᄆᆞᆯ며 菩提心決定ᄒᆞ니ᄯᆞ녀

--능엄 7:49a

(34) a. 阿逸多아 쉰찻 사ᄅᆞᄆᆡ 功德도 오히려 無量無邊 阿僧祇어니 ᄒᆞᄆᆞᆯ며 처ᅀᅥᆷ 會中에셔 듣고 隨喜ᄒᆞᄂᆞ니ᄯᆞ녀

--석상 19:5b

b. 俗ᄋᆡ 齋戒예도 먹디 아니콘 ᄒᆞᄆᆞᆯ며 眞實ㅅ 닷ᄂᆞ니ᄯᆞ녀

--능엄 8:5a

(35) a. 번ᄃᆞ기 法華ㅣ 아니어늘ᅀᅡ ᄒᆞᄆᆞᆯ며 道記와 果記와 달오미 잇거니ᄯᆞ녀

--능엄 1:17b

b. ᄆᆞᄎᆞ매 御궐 시르미 업스니 聖聰이 ᄒᆞᄆᆞᆯ며 仁心이 하시거니ᄯᆞ녀

--두초 24:24b

(36) a. 虛空이 네 ᄆᆞᅀᆞᆷ 안해 나미 片雲이 大淸 안해 點혼 ᄃᆞᆺᄒᆞ니 ᄒᆞᄆᆞᆯ며 한 世界 虛空애 이쇼미ᄯᆞ녀

--능엄 9:44b

b. 나그내로 밥 머고매 볼곤 나리 기니 흐몰며 더운 저글 <u>當호미쏜</u>
  녀

--두초 7:23a

(33)은 접속어미 '-니'에 직접 '-쏜녀'가 결합된 것이고, (34)는 '-느니'
에, (35)는 '-거니'에, (36)은 '-ㅁ'에 각각 '-쏜녀'가 결합된 것이다. '-니
쏜녀'는 공시적으로 일단 '니 + 쏜녀'로 분석될 수 있다. 그러나 (36a)의
'이쇼미쏜녀'가 '이시(어간) + 오(선어말어미) + ㅁ(명사형어미) + 이(계사)
+ 쏜녀'로 재분석될 수 있기 때문에 '-니쏜녀'는 (37)과 같이 재분석된
다.

(37) ㄴ(관형사형어미) + 이(형식명사) + 이(계사) + 쏜녀(종결어미구조체)

이와 같이 분석하면, 명사구 구성의 'ㄴ + 이'가 재분석되므로 의미상
으로도 '흐니쏜녀'가 '어찌 ~한 것이겠느냐?' 정도의 의미를 나타낸다는
점과 상통한다. 따라서 (36)의 예와 (33~35)의 예들을 비교하여 분석하
면, '-니쏜녀'는 다음과 같이 두 가지로 재분석될 수 있다.

(38) a. ㄴ(관형사형어미) + 이(의존명사) + 이(계사) + 쏜녀(종결어미구조
     체)13)
   b. ㄴ(명사형어미) + 이(계사) + 쏜녀(종결어미구조체)

---

13) 종결어미 '-쏜녀'는 다시 'ㅅ(속격/관형격) + 둑(의존명사) + ㄴ(주제화 첨사)
    + 이(계사) + 어(부동사어미)'로 재분석될 수 있는데, 이때 '이+어'는 음운 동
    화를 거쳐 '-이여'로 쓰이기도 하고 음운 축약되어 '-여'로 쓰이기도 하는데,
    그 기능은 명사구 접속조사 '-와/과'와 유사하다.
      a. 나지여 바미여 修行흐야 --석보 24:30
      b. 나져 바며 시름흐노니 --두초 8:29
      c. 나져 밤여 겨를 업시흐야 --내훈 3:6

(38a)의 경우에는 명사구 구성의 'ㄴ + 이'가 공시적으로 존재하고, 의미상으로도 'ᄒᆞ니ᄯᆞ녀'가 '어찌 ~한 것이겠느냐?' 정도의 의미를 나타낸다고 할 수 있기 때문에 합당하지만, 후기 중세국어에서 '-ㄴ'이 동명사 기능을 공시적으로 유지하고 있다고 보기 어렵고, 앞으로 살펴볼 선어말어미 '-니-'와 명사문 종결어미 '-니'와의 관련성을 고려할 때, (38b)는 적합하지가 않다.

3) 기타

가) 분열문을 형성하는 경우

중세국어의 어미들에 대한 형태론적 분석을 하는 과정에서 다음과 같은 예들은 연구자들을 종종 당혹케 한다. 즉 (39~40)과 같이 [이유/원인]의 접속어미 '-ㄹᄊᆡ'와 '-아/어', (41)과 같이 [의도]의 '-고져, -과뎌'가 '-이니'와 결합되어 나타난다. 이러한 문장 구성은 (42)에서처럼 [조건], [상황], [반응] 등의 의미 기능을 나타내는 '-거늘'과 (43)처럼 [나열]의 '-고' 등에 연결되어 나타나고, (44)처럼 [서술]의 종결어미 '-(이)라'와도 결합되어 나타난다.

(39) a. 梨耶ㅣ 도ᄅᆞᅘᅧ 無明과로 브투미 ᄃᆞ외야 서르 여희디 몯홀ᄊᆡ니 엇뎨어뇨 ᄒᆞ란ᄃᆡ

--월석 11:72a

b. 熟ᄉᆡᆼ이라 일훔 지코 異熟이라 일훔 아니 지호ᄆᆞᆫ ᄀᆞᆺ 드루미 이실ᄊᆡ니 異熟과 異熟生ᄋᆞᆯ 異熟果ㅣ라 일훔 짓ᄂᆞ니 果ㅣ 因과 다ᄅᆞᆯᄊᆡ니라

--월석 11:49b

(40) a. 뷔 뷔오 사롤더 占卜호문 다 이 남글 爲ᄒᆞ얘니(誅茅卜居惣此)

--두초 6:40b

 b. 相과 非相과ᄅᆞᆯ 외다 ᄒᆞ샤문 뎌의 斷常애 딜가 저헤시니 (訝相與非
相온 恐伊의 落斷常이시니)

--금강삼가 5:1

(41) a. 이 句 블러 내샤문 사라미 알에 코졔시니

--남명 상 2

 b. 後ㅅ行境 뵈샤문 解 ᄆᆞ차 行에 가과뎨시니

--법화 6:118

(42) a. 구위실 마로미 ᄯᅩ 사ᄅᆞᆷ로 브테어늘(罷官亦由人)

--두초 10:29

 b. 네 三昧 닷고문 本來 塵勞애 나례어늘 (汝ㅣ 修三昧ᄂᆞᆫ 本出塵勞ㅣ
어늘)

--능엄 6:86

(43) a. 온 고ᄃᆞᆫ 아ᅀᆞ몰 爲ᄒᆞ얘오 ᄯᅩ 飮食을 爲호미 아니니라(所來爲宗 族
亦不爲盤殖)

--두초 8:33

 b. 나그내 病ᄒᆞ야 머므러슈믄 藥올 因ᄒᆞ얘오 보비 깊거늘사문 고졸
爲ᄒᆞ얘니라(客病留因藥 春深買爲花)

--두초 15:14

(44) a. 二千果號ㅣ 다 겯호문 因이 **굳홀씨라**

--법화 4:64

b. 雲臺예 形像올 그류믄 다 妖氣 쓰러ㅂ료몰 **爲ᄒ얘니라**(雲臺畵形
像皆爲掃氛妖)

--두초 20:53

c. 目連이 닐오디 몰라 **보얘라**

--월석 23:86

d. 먼 ᄀᅀᅢ 窮ᄒ 시르미 **횐ᄒ얘라**(絶塞豁窮愁)

--두초 23:16

e. 이 가문 지븨 가난ᄒ몰 너계로다(此去苦家貧)

--두초 23:40b~41a

   (39)의 문장들은 표면적인 형태만을 고려하면, '-씨니'는 'ᄉ + 이 #
니'로 'ᄒ얘니라'는 'ᄒ + 야 # ㅣ + 니 + 라'나 'ᄒ + 야 # ㅣ + 니 #
라'로 분석되어 어말어미들이 중첩되는 구조를 인정해야 한다.

   한국어의 경우 어미들끼리 결합하여 형태론적인 어미구조체를 형성
하기도 하고, 통사론적인 어미구조체를 형성하기도 한다. 그러나 이 경
우에도 어미들끼리 결합하는 과정에서 엄격한 배열 규칙과 많은 제약들
이 존재한다. 특히 한국어에서 공시적으로는 <어말어미 + 어말어미>의
배열은 불가능한 것으로 지적되고 있다.14) 따라서 본 연구에서는 이들

---

14) 서태룡(1988)에서는 현대국어의 어미를 '재분석'의 방법으로 분석하는 과정에
   서 <어말어미 + 어말> 어미열을 인정하고 있는데, 필자는 이런 주장에 기본
   적으로는 동의하지만('-나'의 경우에는 타당성이 있다), 통사 변화가 단선적
   으로 이루어지는 것이 아니라 층위별로 이루어질 수 있다는 점에서 이러한

이 분열문의 구성과 관련이 있는 것으로 파악하여, 형태론적 분석을 시도함과 아울러 분열문으로의 변형 과정을 추적하며, 이른바 [나열]의 기능을 갖는 것으로 규정되는 '-니 … -니'의 형태도 이 분열문의 측면에서 검토한다.

허웅(1975:536~7, 930)에서는 위와 같은 형식을 분열문으로 보지 않고, 두 가지 구성으로 구분하여 설명하고 있다. 즉 (39~43)과 같은 문장들은 접속어미 '-ㄹ쎄, -아/어, -고져' 등에 다시 접속어미 '-니, -늘, -고/오' 등이 연결되어 나타난 것으로 접속어미 '-니, -늘, -고/오' 등의 예외적인 용법이라는 언급만을 하였고, (44)와 같은 예문은 다시 둘로 나누어 설명하고 있다. 즉 (44a)는 (45a), (44b)는 (45b)로 각각 분석하고 있으며, (44c)는 (46a)로, (44d)는 (46b)로 각각 분석하고 있다.

(45) a. 곧ᄒᆞ(어간) + ㄹ쎄(접속어미) + 이(계사) + 라(종결어미)
     b. 爲ᄒᆞ(어간) + 야(접속어미) + 이(계사) + 니(선어말어미) + 라(종결어미)

(46) a. 보(어간) + 애([강조-영탄]의 선어말어미) + 라(종결어미)
     b. 훤ᄒᆞ(어간) + 애([강조-영탄]의 선어말어미) + 라(종결어미)

즉 문맥 의미에 따라서 [강조--영탄]의 선어말어미 '-애-, -에-, -애-' 등을 설정해 놓고, 형태 분석에 임의적으로 적용시키고 있는 느낌을 받는다. '爲ᄒᆞ얘니라'에서는 '~해서 爲하는 것이다'의 의미로 '훤ᄒᆞ애라'는 '훤하도다'의 의미로 해석하고 있는 것이다. 그러나 (44e)의 '너계로다'의 구성을 고려하면, (44)의 문장들을 둘로 나누어 설명하는 것은 합리적이 아니다. 즉 (44e)의 '너계로다'는 (47)과 같이 두 가지 분석 가능

배열은 신중하게 검토되어야 한다고 생각한다.

성이 있다.

> (47) a. 너기(어간) + 에([강조--영탄]의 선어말어미) + 로([강조--영탄]의
> 　　　　선어말어미) + 라(종결어미)
> 　　 b. 너기(어간) + 어(접속어미) + 이(계사) + 로([강조--영탄]의 선어
> 　　　　말어미) + 라(종결어미)

(47a)는 [강조--영탄]의 선어말어미가 삽입된 것으로 본 것이며, (47b)는 분열문 구조로 본 것이다. 그러나 (47a)는 [강조--영탄] 의 선어말어미가 중복되어 나타나기 때문에 적절한 분석이라고 할 수 없다. 따라서 (47b)가 타당성이 있다. (44d, e)에 [강조--영탄]의 의미가 느껴지는 것까지 부인하지는 않는데, 다만 그때의 의미는 다음과 같이 분열문 구조의 특성에서 파생되어 나오는 것으로 본다. 즉 분열문을 일종의 변형에 의한 강조 구문이라고 할 수 있다는 점을 고려할 때, 다음과 같은 변형 과정을 거친다고 하겠다.

> (48) a. 나는 <u>배가 아파서</u> 병원에 갔다
> 　　 b. 내가 병원에 간 것은 <u>배가 아파서</u>이다

(48a)의 밑줄친 부분이 강조되는 효과를 얻기 위해 변형된 문장이 (48b)와 같은 분열문(cleft sentence)이다. 현대국어의 경우에는 단순한 단어 차원에서부터 문장에 이르기까지 다양한 문법 단위들이 분열문을 통하여 강조의 효과를 얻는데 반해 후기 중세국어의 경우에는 자료상으로만 볼 때, [이유/원인]의 절과 [목적/의도]의 절만이 분열문 변형을 통하여 강조의 효과를 얻고 있다. 따라서 후기 중세국어의 경우 [이유/원인]의 절이 계사 '-이'에 의해 [서술]화 되고 이에 [감동법]의 서법을 부차적으로 나타내기도 하는 종결어미 '-라'가 결합되면서 [강조--영탄]의

의미가 파생되는 것으로 본다.

나) '-니 … -니' 구성의 경우

'-니 … -니'는 이런 일 저런 일을 [나열]하는 뜻을 나타내기 위해서 어미를 반복하는 것이 특색이며, 어간에 직접 붙기도 하고, 선어말어미를 앞세우기도 한다. 그리고 대개는 보조동사 '흐-'가 연결된다. 이때의 '-니'는 보조동사 '흐-'의 내포문을 이루는 종결어미에서 접속어미로 변화된 것으로 다음에 논의할 명사문 종결어미와 기원을 같이 한다.

(49) a. 나민 것 서르 일버우믈 훌씨 <u>외니 올흐니</u> 決홇 사르미 업서

--월석 1:45

b. 그 後에사 <u>외니 올흐니 이긔니 계우니</u> 홀 이리 나니라

--월석 1:42

c. <u>외니 올흐니 흐야</u> 是非예 뻐러디면

--남명, 상:39

(49)는 어간에 '-니'가 직접 결합한 예들로, (49a)의 '외니 올흐니'는 다음과 같이 두 가지의 분석 가능성이 있다.

(50) a. [[외니]NP1+[올흐니]NP2]NP0
　　　 b. [[(NP1이)+외니]S1+[(NP2이)+올흐니]S2]S0

(50a)는 "남의 것을 서로 빼앗으니, 그른 일(과) 옳은 일을 결정할 사람이 없어" 정도의 의미를 갖는데, '외니 올흐니'가 후행의 동사 '決흐-'

의 목적어 구실을 하는 것으로 분석한 것이다. 이때의 '-니'는 'ㄴ(관형사 형어미) + 이(형식명사)'의 구성에 기원을 둔다. (50b)는 "남의 것을 서로 빼앗으니, '네가 그르다 내가 옳다'를 결정할 사람이 없어" 정도의 의미를 가짐으로 후행의 동사 '決ᄒᆞ-'가 직접 인용문인 내포문을 지배하는 것으로 본 것이다. 이때의 직접 인용문은 의미상으로 흔히 명사구의 기능을 하는 것으로 보기도 하므로 (50b)의 '-니'도 서술 종결의 기능을 하는 것이 아니고 명사문 종결의 기능을 갖는다고 보아야 한다. 어떻게 보든 '-니 … -니'의 구성에서 '-니'는 명사구 구성에서 기원한 것이다. 그러나 후기 중세국어에서 '-이고 … -이고'나 '-이며 … -이며'가 접속 어미로서 명사구 [나열] 기능을 하는 것을 고려하면, '-니 … -니' 구성의 '-니'도 명사구 구성에서 기원하였지만 그 기능은 점차 접속어미로 바뀌고 있다고 보아야 한다.

(51) a. 잇거니 죽거니 ᄒᆞ야 다시 보디 몯ᄒᆞ니(存亡不重見)

--두초 24:58a

b. 브르거니 對答거니 ᄒᆞ야 威와 福과롤 짓ᄂᆞ니(唱和作威福)

--두초 6:38

c. 하ᄂᆞᆯ콰 ᄯᅡ콰 爲ᄒᆞ야 오래 ᄂᆞᆺ갑거니 놉거니 ᄒᆞ니라(天地爲之久低昂)

--두초 16:47

d. 一切天과 … 人非人等이 다 모다 길 잡ᅀᆞᆸ거니 미조쫍거니 ᄒᆞ야 ᄂᆞ려 오시더라

--월석 21:203

(51)은 '-니 … -니'구성에서 선어말어미 '-거-'가 삽입된 것들로서

[강조]의 '-거-'가 개입하면서 '-거니 … ᄒᆞ몰며 … 이ᄊᆞ녀'의 구성처럼 [대립]의 의미가 부각되는 구문이다. 따라서 이 구문의 [나열]의 기능은 명사구 구성('ㄴ+이')으로부터 자연스럽게 파생되는 기능인데, [대립쌍]의 [반복]에 의한 [나열]이라는 점에서 단순한 [나열]의 기능을 보이는 '-고'나 '-며'와는 기능이 다르다는 점을 지적하고자 한다.

1-2. 종결어미 '-니'의 분석

'-니'가 종결어미와 유사한 기능을 보인다는 것은 졸고(1989)에서 지적한 바 있다. 모든 경우의 '-니'가 종결의 기능을 하는 것은 아니지만, 일부의 환경에서 이 '-니'가 명사문 종결의 기능을 한다. 여기에는 다음과 같은 두 가지 유형이 있다.

    ① 詩歌의 終結에 쓰이는 '-니'
    ② 반말의 終結에 쓰이는 '-니'

(52)는 詩歌에서 종결의 기능을 하는 '-니'의 예문들이고, (53)은 일상 회화체에서 [반말]의 기능을 하는 '-니'의 예문들이다.

(52) a. 곶 됴코 여름 <u>ᄒᆞᄂᆞ니</u>

                              --용비 2장

    b. (如來) *娑婆界*예 *妙法*을 <u>펴시ᄂᆞ니</u>

                             --월석 14:6 기 239

    c. 둘히 히미 달오미 <u>업더니</u>

                             --천강곡 상, 기 39

d. 右脇誕生이 <u>四月 八日이시니</u>

--월석 2:34, 기 19

e. 五百 前世 怨讐ㅣ … 精舍를 <u>디나아 가니</u>

--월석 1:2 기3

(53) a. 俱夷 묻즈봉샤디 므스게 <u>쓰시리</u>

--월석 1:10

b. 부텻긔 받즈바 므슴호려 <u>호시느니</u>

--월석 1:10

　(52)와 (53)에서 종결의 기능을 하는 '-니'에 대한 종래의 논의는 크게 두 가지로 구분된다. 첫째, 이때의 '-니'를 종결어미로 인정하지 않고, 선어말어미 '-니'가 종결의 기능을 대신하고 있다는 논의로 허웅(1975)가 있다. 둘째, 이때의 '-니'를 특이한 용법의 종결어미로 인정하는 이숭녕(1981)과 고영근(1987)이 있다.

　허웅(1975:494)에서는 (52)에 나타나는 '-니'를 선어말어미로 보고 있으며, 이때 선어말어미 '-니-' 다음에 종결 요소 '-이다'가 생략되어 종결의 기능을 이 '-니'가 대신하고 있는 것으로 분석하고 있다. 하지만 (53)에 대한 논의가 없다. 또한 고영근(1987:126, 288)에서는 (52)와 (53)에 나오는 '-니'를 敍法의 한 형태로 보아 반말의 종결어미 '-니'로 규정하고 있다. 한편 이숭녕(1981:264~5)에서는 이러한 종류의 '-니'를 다시 詩歌에서 쓰이는 '-니'와 회화체에서 쓰이는 [반말]의 '-니'로 구분하여 설명하고 있다. 특히 詩歌의 경우에 쓰이는 '-니'는 명확히 문장을 끝맺지 않고 [餘韻]을 남기는 특이한 종결어미로 보고 있다. 결국 허웅(1975)에서는 일단 종결형에 쓰이는 모든 '-니'를 종결 요소가 생략된 상태에서 쓰이는 선어말어미의 예외적인 용법으로 규정하고 있고, 고영근(1987)에서는 종결형에 쓰이는 모든 '-니'를 '반말'이라는 서법을 나타내는 종결어미로 파악하고 있으며, 이숭녕(1981)에서는 특이한 종결어미로 규정하되 이들을 둘로 나누어 설명하고 있는 것이다.

　필자는 이숭녕(1981)의 논의와 같이 이들을 둘로 나누는 것이 합리적이라 생각한다. 즉 (53)은 회화체의 경우로 詩歌의 예인 (52)와는 다른 차원에서 다루어야 할 것이다. (53b)의 'ᄒᆞ시ᄂᆞ니'는 노래가 아닌 회화체의 경우로 'ᄒᆞ시ᄂᆞ니이다'에서 '-이-(공손법어미) + 다(어말어미)'의 형식을 생략함으로써 상대방에게 언어적 예의를 다 갖추지 않기 때문에 반말의 효과를 가지는 것으로 보아야 하지만, (52)의 경우에는 문맥상 반말이 쓰일 환경이 아니기 때문이다. 이 문제는 앞으로 논의할 선어말어미 '-니-'의 분석과도 관련된다. 'ᄒᆞᄂᆞ니라'는 (54)와 같이 두 가지로 재분석될 가능성이 있다.

　　(54) a. ᄒᆞ(어간) + ᄂᆞ(선어말어미) + ㄴ(관형사형어미) + 이(의존명사) +
　　　　　　이(계사) + 라(종결어미)
　　　　b. ᄒᆞ(어간) + ᄂᆞ(선어말어미) + ㄴ(명사형어미) + 이(계사) + 라(종
　　　　　　결어미)

　(54a)는 15세기의 공시적인 면을 고려한 것이고, (54b)는 麗末鮮初의 능엄경 구결 자료들을 고려한 것이다. 만약 후기 중세국어 詩歌의 경우 종결 요소가 생략된 채 선어말어미가 종결의 기능을 대신한다는 관점에서 보면, '경어법'이나 '인칭법'과 같은 다른 선어말어미는 그러한 기능이 없고 유독 시상법의 '-나-'와 '-리-'의 경우만 종결의 기능이 가능한지를 설명할 수 있어야 한다. 이러한 문제를 해결하기 위하여 '-니'를 'ㄴ(관형사형어미) + 이(형식명사)'의 구성에서 어미화한 것으로 보고 선어

말어미는 이 구성에 다시 계사 '-이'가 붙어서 선어말어미 기능을 하게 된 것으로 보는 것이 합리적이다. 따라서 선어말어미 '-니-'는 'ㄴ(관형사형어미) + 이(형식명사) + 이(계사)'의 구성에 기원을 두는 것으로 보아야 한다. 그런데 문장의 종결의 기능을 하는 '-니'의 경우에는 이 선어말어미가 그대로 종결의 기능을 보이는 것은 아니고, 예를 들어 'ᄒᆞᄂᆞ니라'에서 '이(계사) + 라(종결어미)'라는 구성이 생략되었다고 보아야 한다. 결국 종결에 쓰이는 '-니'는 'ㄴ(관형사형어미) + 이(형식명사)'의 구성에서 기원한 것으로 엄밀히 말하면 명사문 종결어미로 보아야 한다. 명사문 종결의 '-니'는 다음에 살펴볼 '-니 … -니' 구성의 '-니'와 구성면에서 공통성을 확인할 수 있다.

2. 선어말어미 '-니-'의 분석

후기 중세국어의 선어말어미 '-니-'는 '-리-'와 함께 경우에 따라 종결어미의 기능도 할 수 있다는 점이 일찍부터 지적되어 왔고, 음운론적인 특징상 이들 어미에 계사 '-이'가 분석된다는 점과 [서술]과 [의문]의 종결어미와만 결합될 수 있다는 결합상의 특징 때문에 논의의 초점이 되어 왔다.

종래의 논의[허웅(1975), 이숭녕(1981), 고영근(1987) 안병희·이광호(1992) 등]에서 선어말어미 '-니-'는 [확인], [규정], [부정칭] 등의 의미를 갖는 독립된 선어말어미로 다루어 왔다. 하지만 '-니-' 뒤의 종결어미 '-다'가 왜 '-라'로 교체되는지, 또 '-니-'는 왜 [서술]과 [의문]을 나타내는 종결어미들과만 결합이 가능한지를 밝힐 수 없었다.

최근에 재분석의 방법에 의하여 정밀한 형태 분석이 가능해졌다. 정호완(1987:33)에서는 후기 중세국어의 '-니-'와 '-리-'는 이미 하나의 선어말어미로 유착돼 버렸지만 기원적으로 관형사형어미 '-ㄴ'에 의존명사 '-이'가 결합하여 어미화한 것으로 설명하고 있다.15) 서태룡(1988:170)에서도 현대국어를 대상으로 '-니-'를 'ㄴ([결정·완료]의 관형사형어미) + 이 (동격 구성의 의존명사) + 이([서술]의 계사)'로 재분석하고 있다.

(55) a. 녀느 쉰 아히도 <u>出家ᄒᆞ니라</u>

--석보 6:10

b. 늘구메 유幄ᄒᆞ얌직 <u>ᄒᆞ니아</u>

--두초 6:31

c. 寂寂ᄒᆞ미 일후미 긋거늘 엇뎨 法身이라 <u>일훔지ᄒᆞ뇨</u>

--월석 서:5

d. 고ᄇᆞᆫ 사ᄅᆞᆷᄃᆞ려 道 니르디 몯ᄒᆞ몬 ᄀᆞᄅᆞ쵸매 뭇겨 <u>의실쎠니라</u>

--법화 3:156

(56) a. 佛은 <u>부톄시니라</u>

--석보, 서:1

b. 一分으란 多寶佛塔끠 <u>받ᄌᆞ오시니라</u>

--법화 7:84

---

15) 'ᄒᆞ니라'에 대한 논의에서 일찍이 양주동(1947/1993:75)은 어간에 'ᄒᆞ-'에 기연 연체형 '-ㄴ'이 붙고, 다시 '-이다'가 연철된 것으로 보았다. 관형사형어미 '-ㄴ'에 의존명사 '-이'가 유착되었을 가능성을 언급한 것이다. 또한 김완진(1957:47~51)에서도 이때의 '-니'를 동명사(substantif verbal) '-ㄴ'에 단정형태소 (désinence) '-이'가 연결되었으며 '-니'가 끼인 문장은 명사문으로 보았다.

c. 秦 따해는 당당히 <u>새드리어니라</u>

--두초 6:11

d. 쏘 니르라 무추매 <u>엇더호도소뇨</u>

--몽산 52

e. 하놇 고지 <u>드르니이다</u>

--월석 2:17

f. 如來 어듸 <u>겨시니잇고</u>

--월석 21:192

(57) a. 호다가 <u>잇느닌댄</u> … 엇데 論量호며 호다가 <u>업스닌댄</u> … 엇데 祖師
ㅣ 업스리오

--몽산 62

(55)는 어간에 '-니-'가 직접 결합된 것이고, (56)은 선어말어미 '-시-,
-습-, -거-, -이-, -도소-' 등이 개입된 것이다. 또한 (57)의 '-닌댄'의
'-니'는 명사구 구성인 'ㄴ(관형사형어미) + 이(의존명사)'로 분석될 수 있
는 것이다. (55a)의 '出家호니라'는 (58)과 같이 두 가지의 재분석 가능
성이 있다.

(58) a. 出家호(어간) + ㄴ(관형사형어미) + 이(의존명사) + 이(계사) + 라
(종결어미)
b. 出家호(어간) + ㄴ(명사형어미) + 이(계사) + 라(종결어미)

(58a)는 후기 중세국어의 공시태를 고려한 것이고, (58b)는 전기 중세
국어(특히 12세기 중엽)의 공시태를 고려한 것이다. 후기 중세국어의 경

우 선어말어미 '-니-'를 (58a)와 같이 재분석할 수 있는 것은 '-ㄴ'이 극
히 제한된 환경에서만 명사형어미로 쓰일 뿐 대부분 관형사형어미로 쓰
인다는 점 때문인데, 특히 '-이' 다음의 종결의 '-다'가 '-라'로 교체된다
는 점에서 계사 '-이'를 설정할 수 있다. 따라서 관형사형어미 'ㄴ'에 계
사 '-이'가 연결될 수 있는 구성이란 (58a)밖에 없다. 그러나 전기 중세
국어의 자료인 舊譯仁王經(12세기 중엽의 자료로 추정)에서는 '-ㄴ(ㄱ)'이
관형사형어미는 물론 명사형어미로도 생산적으로 쓰이고 있기 때문에
이 명사형어미 '-ㄴ'에 계사 '-이'가 직접 연결된 것으로 볼 수도 있다.
다음이 그 예이다.

    (59) a. 三賢氵 十聖氵 ノ⼏ㄱ 果報氵十 住ソニㄱ乙 唯ハ 佛刂ニ乙 一人
        刂ニ氵 淨土氵十 <u>居ソニㄱ刂罒</u>

                                          --구인 11:6[16]

    b. 三賢여 十聖여 호린 果報아히 住ᄒᆞ신올 오직 佛이실 一人이시사
       淨土아히 <u>居ᄒᆞ신이라</u>

    (60) a. 圓智ㄱ 無相ㄴソニ下 三界匕 <u>王刂罒</u>

                                          --구인 11:3

    b. 圓智은 無相을ᄒᆞ시하 三界ㅅ 王이라

    (59a)은 "三賢과 十聖과 같은 분은 果報에 住하시니 오직 부처이실
한 사람이시어야 淨土에 居하시니라" 정도의 의미를 갖는 것으로 '居ソ
ニㄱ刂罒(居ᄒᆞ신이라)'처럼 선어말어미 '-니-'에 해당되는 것이 'ㄱ + 刂'

---

16) 舊譯仁王經을 '구인'으로 약칭한다. 출전 <舊仁11:16>은 '구역인왕경 11쪽 16째
   줄'을 뜻한다. 구인에 대한 자세한 논의는 3장을 참조할 것.

로 분철되어 나타난다. 이 '-ㄱ ㅐ(ㄴ이)'는 (61)과 같이 두 가지의 재분석
가능성이 있다.

    (61) a. ㄴ(관형사형어미) + 이(의존명사) + 이(계사)
        b. ㄴ(명사형어미) + 이(계사)

    전기 중세국어의 경우에는 (61a)와 (61b)의 가능성이 다 있지만 후기
중세국어의 경우에는 (61b)의 분석이 더 타당하다.

제3장

어미 '니'의 기원

　　후기 중세국어에 생산적으로 쓰이고 있는 어미 '니'는 12세기 중엽의 자료로 추정되는 구역인왕경 상(5장)[1]의 석독구결 자료에는 전혀 나타나지 않고 있다. 이것은 자료의 양이 부족해서거나 우연히 그런 예가 나오지 않았다고 할 수 없다. 왜냐하면 12세기 말엽의 자료로 추정되는 화엄경 권14(20장)[2]의 석독구결 자료에서 어말어미 '-니'가 하나의 예만 나타난다. 또한 향가의 경우도 오직 하나의 '-니(尼)'가 나타나는데, 그것도 접속어미 '-니'로 보기 어렵고 명사문 종결의 기능을 하는 것으로 보아야 한다. 또한 일부의 동명사형어미 '-ㄴ'이 접속어미 '-니'의 기능을 대신하고 있음을 알 수 있다. 따라서 후기 중세국어의 어미 '-니' 특히 접속어미 '-니'의 기원은 접속어미 기능을 대신하던 전기 중세국어의 동명사형어미 '-ㄴ'에 있다고 본다. 그리고 이 '-ㄴ'에 '-이'가 결합하여 어미 '-니'가 되었는데, 이때의 '-이'는 의존명사로 본다. 왜냐하면 후기

---

1) 구역인왕경 석독구결의 전반적인 소개는 남풍현(1976)에서 이루어졌고, 연대 추정은 남풍현(1985)에서 상세히 이루어진 바 있다.
2) 화엄경 권14의 석독구결에 대한 소개 및 우리말 어순에 따라 재편집한 자료 의 영인은 남풍현(1994)에서 이루어졌다.

중세국어의 언해 자료에서도   어미 '-니'는 'ㄴ(관형사형어미 ← 동명사형어미) + 이(의존명사)'로 재분석될 수 있기 때문이다.

먼저 '-니'가 나타나지 않고 그 기능을 동명사형어미 '-ㄴ'이 대신하고 있는 구역인왕경(이하 구인으로 약칭함)을 중심으로 검토하고, 어미 '-니'의 발달 초기 단계를 보여주는 석독구결 자료와 향가의 차자 자료를 검토한 다음, 13세기 중엽의 자료로 추정되는 안동본 능엄경[3]의 표기법에 나타난 언중의 문법의식의 한 단면을 고찰한다.

1. 고려본 석독구결 자료의 동명사형어미의
통사 기능에 따른 분류

여기에서는 12세기 중엽의 자료로 추정되는 구역인왕경의 석독구결과 이것과 거의 같은 시기이지만 약간 후대의 것으로 추정되는 화엄경의 석독구결을 대상으로 전기 중세국어의 동명사형어미들의 형태 분석을 시도하고 통사·의미 기능도 살핀다.

이들 구결 자료에 나타나는 동명사형어미는 '-ㄱ(ㄴ), -ㅌ(ㄴ), -ㄹ(ㄹ)' 등으로 나누어 볼 수 있는데, 다음에 살펴볼 것처럼 그 기능이 확대되어 쓰이고 있다. 이들 중 후기 중세국어의 어미 '-니(-)' '-리(-)'와 관계 있는 '-ㄱ(ㄴ)', '-ㄹ(ㄹ)'[4]을 중심으로 살핀다.

---

3) 안동본 능엄경의 소개는 대구본, 송성문본 등과 함께 남풍현(1990)에서 이루어진 바 있다.

4) 남풍현(1976:75)에서는 舊仁에서 쓰인 'ㄹ'과 'ㄹ'이 엄격히 구별되어 'ㄹ'은 대격조사와 접속어미, 'ㄹ'은 동명사형어미에 쓰였음을 지적하였다. 본 연구에서는 동명사형어미로 쓰인 'ㄹ(ㄹ)'만을 논의의 대상으로 삼는다.

1-1. 구역인왕경의 경우

1) 동명사형어미 '-ㄱ(ㄴ)'의 분류

가) 명사형어미

(1) a. 今乚 [如]這[5] <u>異ソㄱ</u> 無セニ㢱[6]

--구인 2:5-6

b. 今올 굳 <u>異ᄒᆞᆫ</u> 업스시며

(1a)는 '지금과 같이 <u>다른 것</u> 없으시며' 정도의 의미를 갖는 것으로 '異ソㄱ(異ᄒᆞᆫ)'의 '-ㄱ(ㄴ)'은 후행하는 '無セニ㢱(업스시며)'와의 문법적 관계를 고려하면, 명사적 기능을 하는 어미임이 확실하다.

(2) a. 三賢ⅰ 十聖ⅰ ノ令ㄱ 果報ʒ十 住ソニㄱ乙 唯ハ 佛リニ尸 一人 リニ氵 淨土ʒ十 <u>居ソニㄱリ罒</u>

--구인 11:6

---

5) '如'에 [ ]를 하고 '這'를 덧붙인 것은 '如'字를 '굳'으로 훈독했음을 나타내는 표시이다(이하 같음).

6) (1a)는 구역인왕경 석독구결에 지시된 어순에 따라 재배열한 것이고, (1b)는 15세기의 표기법으로 옮긴 것(이하 같음)으로 남풍현(1976)과 대학원에서 수강한 '구결 연구' 강의 노트(남풍현 교수님 담당)를 참고하였다. 또한 (1c)는 필자가 현대어로 직역하여 옮긴 것이다. 앞으로 인용하는 구역인왕경의 석독구결은 대부분 남풍현 교수님의 해독을 따르기로 한다. 그리고 논의의 전개상 필요에 따라 현대어로 옮기는 경우도 있는데, 현대어에 대한 오독 문제는 전적으로 필자의 책임임을 밝혀 둔다.

b. 三賢여 十聖여 호린 果報아히   住ㅎ신올 오직 佛이실 一人이시사
    淨土아히 <u>居ㅎ신이라</u>

(3) a. 圓智ㄱ 無相ㄴ〆ㄷㅏ 三界ㄴ 王ㅣㅍ

--구인 11:3

b. 圓智은 無相을ㅎ시하 三界ㅅ <u>王이라</u>

(2a)의 '居〆ㄷㄱㅣㅍ'의 '-ㄱㅣ(ㄴ이)'는 (4)와 같이 두 가지의 분석
가능성이 있다.

(4) a. ㄴ(관형사형어미) + 이(의존명사) + 이(계사)
    b. ㄴ(명사형어미) + 이(계사)

(4a)는 후기 중세국어의 선어말어미 '-니-'를 재분석한 것과 동일한
것이고(2장 참고), (4b)는 전기 중세국어의 공시적인 면을 고려한 것이다.
후기 중세국어의 경우 선어말어미 '-니-'를 (4a)와 같이 재분석할 수 있
었던 것은 '-ㄴ'이 극히 제한된 환경에서만 명사형어미로 쓰이고 대부분
의 경우 관형사형어미로 쓰이므로 '-ㄴ'을 관형사형어미로 분석했고, '-
이' 다음의 종결어미 '-다'가 '-라'로 교체된다는 점에서 계사 '-이'를 설
정하였다. 따라서 관형사형어미 '-ㄴ'에 계사 '-이'가 연결될 수 있는 구
성이란 (4a)밖에 없다. 그러나 전기 중세국어의 자료인 구인에서는 '-ㄴ
(ㄱ)이 명사형어미로도 생산적으로 쓰이고 있기 때문에 이 명사형어미
'-ㄴ'에 계사 '-이'가 직접 연결된 것으로 볼 수도 있다. (4a)로 분석하든
(4b)로 분석하든 (2a)의 '居〆ㄷㄱㅣㅍ'의 '居ㅎ신'을 (3a)의 '王ㅣㅍ'의
'王'과 같이 명사(구)로 해석해야 하는 것만은 확실하다.

나) 관형사형어미

(5) a. 六欲七 諸ㄱ 天刀 量 無七ㄱ 色花ㄴ 雨リ彡ソナケ

--구인 2:16~17

b. 六欲ㅅ 몯ᄋᆞᆫ 하ᄂᆞᆶ도 量 업슨 色花ᄅᆞᆯ 빙이져ᄒᆞ겨며

(6) a. 佛ㄱ 諸ラ 道果ㄴ 得ナㄱ 實天衆ラ十 告ニ尸

--구인 11:20

b. 佛ᄋᆞᆫ 몯의 道果ᄅᆞᆯ 얻견 實天衆의긔 니ᄅᆞ실

(5a)의 '量 無七ㄱ 色花ㄴ'는 (5b)의 '無七ㄱ'의 '-ㄱ(ㄴ)'은 후행하는 명사 '色花'를 수식하는 관형사형어미로 쓰인 것이다. (6a)의 '得ナㄱ(얻견)'은 후행하는 명사 '實天衆'을 수식하고 있기 때문에 '得ナㄱ(얻견)'의 '-ㄱ(ㄴ)'은 관형사형어미로 쓰인 것이다.

(7) a. 復ソㄱ [於] 頂上ㄋ十ソㄋ 千寶蓮花ㄴ 出ソ白ろㄱ厶

--구인2:12

b. 쏘ᄒᆞᆫ 頂上아히 ᄒᆞ아 千寶蓮花ᄅᆞᆯ 出ᄒᆞᅀᆞᆸ온ᄃᆡ

(7a) '出ソ白ろㄱ厶'는 일단 '出ソ(어간) + 白(선어말어미) + ろ(선어말어미) + ㄱ厶(접속어미)'로 분석할 수 있지만, 접속어미 '-ㄱ厶(ㄴ딕)'는 'ㄴ(관형사형어미) + ᄃᆞ(의존명사) + ᄋᆡ(처격조사)'의 구성으로 재분석할 수 있다는 점에서 이때의 '-ㄱ(ㄴ)'은 기원적으로 관형사형어미에서 온 것으로 본다.

(8) a. 有人 無人ㄱ 本ᄴㅅ 自ㅋ <u>二ㅣㄱᄉ</u> 譬のㄱ 牛ㅋ 二角 若ㅣㅗか

--구인 15:3

b. 有와 無완 本록 自이 <u>둘인디</u> 가줄비건돈 쇼이 두 쁠 다ᄒ며

(8a)는 "有와 無는 스스로 둘인 것이 비유하건대 소의 두 뿔과 같다 하며" 정도의 의미를 갖는데, 이때 '二ㅣㄱᄉ'는 '二(명사) + 이(계사) + ㄴ(관형사형어미) + 듸(의존명사) + 이(주격조사)'로 분석된다.

다) '명사형어미 + 접속어미'[7]

구인의 경우 형태 결합상 특징으로는 명사형어미의 모습을 보여주면서 의미상으로는 접속어미의 기능을 보여주는 것이 있는데, 'ㄱ(ㄴ) + ㄴ(올)'의 구성과 'ㄱ(ㄴ) + ᄼ(여)'의 구성이 그것이다.

ㄱ) 'ㄱ(ㄴ) + ㄴ(올)'

(9) a. 其會ㄴ 方廣ㄱ <u>九百五十里ㅣㄱㄴ</u> 大衆ㅣ 儼然ㅎ 而ᄴ 坐ㅗㅌㅅㄱㅣ

--구인 2:8~9

b. 其會ㅅ 方廣온 <u>九百五十里인을</u> 大衆이 儼然히 (而로) 坐ᄒᄂ기시다

(10) a. 三賢ᄼ 十聖ᄼ ノ个ㄱ 果報ㅏ十 <u>住ㅗㄴㄱㄴ</u> 唯ㅅ 佛ㅣㄴㄹ 一人 ㅣㄴᄼ 淨土ㅏ十 居ㅗㄴㄱㅣㅁ

---

7) '명사형어미 + 접속어미'의 기능을 한다는 것은 형태상으로는 명사형어미의 특징을 보여주지만 의미상으로는 접속어미의 기능도 보이는 어미를 의미한다 (이하 같음).

명사적인 요소가 있다는 사실을 밝혀내고, 이 어미 '-니'를 'ㄴ(관형사형 어미) + 이(의존명사)'로 재분석한 바 있다. 그런데 구인의 경우에 접속어미 '-니'가 존재하지 않고 '-ㄴ'이 그 기능을 대신하고 있으며, '-ㄴ(ㄱ)'에 '-여(⺀)'가 붙어 '-ㄴ여(ㄱ⺀)'의 형태로 접속어미의 기능을 하고 있다는 사실은 결코 우연이 아니다.

구인에 대한 초기 해독(남풍현, 1976)에서 이 '-⺀'의 분포와 기능이 중세국어의 접속조사 '-과'와 같다는 점에서 이 '⺀'字의 讀音을 '과'로 하였었다. 그런데 '⺀'字의 독음을 '과'로 했을 때, 그 正體字를 확인할 수 없기 때문에[9] 최근의 해독(남풍현, 1993)에서는 그 讀音을 '여'로 하고 正體字를 '亦'으로 한 바 있다. '亦'字의 草書를 이용한 구결토가 '⺀(여)'이고, 이 '亦'字의 頭部를 딴 것을 '亠(여)'로 보았다. 아무튼 '-⺀(여)'의 분포가 체언의 뒤라는 점과 그 기능이 [접속]이라는 점에서는 '-과'와 상통한다. 결국 구인의 '-ㄱ⺀(ㄴ여)'는 15세기의 '-니와'와 직접 대응은 하지 않지만, 이들이 관련성이 있다는 점만은 부인할 수 없다.

앞에서 후기 중세국어의 접속어미 '-니'가 포함된 어미 구조체 '-거니와'와 '-거니ᄯᆞ녀'를 근거로 하여 접속어미 '-니'의 재분석을 'ㄴ(관형사형 어미) + 이(의존명사)'로 한 바 있다. '有七ナㄱ⺀'를 '잇거니와'를 비교하여 분석하면 (15)와 같다.

(15) a. 有七ナㄱ⺀ : 有七(어간) + ナ(선어말어미) + ㄱ(명사형어미) + ⺀(계사의 활용형→접속조사)

b. 잇거니와 : 잇(어간) + 거(선어말어미) + ㄴ(관형사형어미) + (의존명사) + 와(접속조사)

---

9) 심재기 교수님은 이 '⺀'가 '又'字의 略體일 가능성을 제안한 바 있다(남풍현, 1976:39 참조).

라) '관형사형어미 + 접속어미'

구인의 '-ㄱ(ㄴ)' 중에는 이유를 나타내는 부사어 '故'나 시간을 나타
내는 부사어 '時' 앞에서 의미 단락을 완결시키는 기능(4장 참고)을 수행
할 수 있다.

ㄱ) 'ㄱ + [是]ㅣ 故灬'

(16) a. 百億萬土ㄱ 六大動〉ㅁㅌㅣㆍ 生ㄴ 숨〉ㄱ ㅌㅅ 生ㄱ 妙報ㄴ 受ㅁ
ㅌㄱㆍ 天尊ㄱ 快ㆍ 十四王ㅋㅣㄴ 說ㅁㅅㄷㄱ

[是]ㅣ 故灬 我ㄱ 今〉ㄱ 略ㆍ 佛ㄴ 歎〉白卜ㅣㆍㅌ〉ㄷㅣ
--구인 11:12~13

b. 百億萬土온 六大動ㅎ고놀며 生올 숨ㅎㄴㄴ 生온 妙報올 받고ᄂᆞ녀
天尊온 快히 十四王익알 니르고기신

[是]이 故로 나온 今ㅎ 略히 佛을 歎ㅎ숣누오다 ㅎㄴ기시다

(16a)는 "百億萬土는 六大動하고 있으며 生을 포함한 것의 生은 妙報
를 받거니와 天尊은 快히 十四王에게 이르고 계시니//이런 故로 나는
지금 간략하게 佛을 讚歎하옵고 있다" 정도의 의미를 갖는다. 이때 '說
ㅁㅅㄷㄱ (是)ㅣ 故灬'는 15세기 표기법으로 옮기면, '-니르(고기)신 이
故로'가 되기 때문에 문장 구조상으로는 '說ㅁㅅㄷㄱ'이 후행의 명사구
'是故'를 수식하는 것으로 보아 '-ㄱ(ㄴ)'이 관형사형어미의 기능을 하는
것으로 볼 위험이 있으나, 기능상 접속어미 '-니'와 관련성이 있음을 알
수 있다. 이는 후기 중세국어와의 비교에서 분명히 드러난다.

(17) a. 내 靈훈 覺과로 제 서르 븥디 아니ㅎ물 다 드러 니르시니 이런 ᄃᆞ

로 前塵은 크며 젹거니와 보믄 펴며 움추미 업스니라(與吾靈覺과로 自不相涉ᄒᆞ시니 是故로 前塵은 大小ㅣ어니와 見은 無舒縮ᄒᆞ니라)

--능엄 2:41b

b. 다 ᄒᆞ마 일우다 호ᄆᆞᆫ ᄒᆞ마 큰 ᄠᅳᆮ 일우믈 니ᄅᆞ니 그럴ᄊᆡ 大法을 니ᄅᆞ쇼셔 請ᄒᆞᄂᆞ니라

--월석 14:42b

(17a)는 '-니 + 이런ᄃᆞ로'의 구성을, (17b)는 '-니 + 이럴ᄊᆡ'의 구성을 갖는 것인데, 후기 중세국어에서는 '~ᄒᆞᆫ 故로'는 쓰였지만, '~ᄒᆞᆫ 이 故로'는 쓰이질 않고 반드시 '~ᄒᆞ니 이럴ᄊᆡ' 혹은 '~ᄒᆞ니 이런ᄃᆞ로'등으로 쓰였다. 따라서 (16a)의 '說(ロハ)ニㄱ (是)リ 故~'는 (17)과 같은 후기 중세국어와 비교하면 '니르(고기)시니 이런ᄃᆞ로' 혹은 '니르(고기)시니 이럴ᄊᆡ'와 대응한다.

ㄴ) 'ㄱ + 時+'

구인의 '-ㄱ(ㄴ)' 중에는 'ㄱ(ㄴ) + 爾時+(이ᄢᅴ)'의 구성에서 의미단락의 완결 기능을 하는 경우가 있다. (18~19)는 'ㄱ(ㄴ) + 時+(ᄢᅴ)'의 예이고, (26~31)는 'ㄱ(ㄴ) + 爾時+(이 ᄢᅴ)'의 예이다.

(18) a. 諦リ 聽ホ 諦リ 聽ㄅ 善ㄅ 之ㄴ 思ソㅎ 念ソㅎソㄅ 法ㄴ [如]這 修行ソㄅソナ３ソロハニㄱ
時+ 波斯匿王ㄱ 言ニ尸 善ニろㄱ ㅋ

--구인 3:19~20

b. 諦이 들어금 諦이 들으며 善며 之롤 思ᄒᆞ져 念ᄒᆞ져ᄒᆞ며 法올 ᄀᆞᆮ
<u>修行ᄒᆞ며ᄒᆞ겨아ᄒᆞ고기신</u>
<u>ᄢᅴ</u> 波斯匿王ᄋᆞᆫ 니르싫 이드시온셔

(19) a. 天尊ㄱ … 說ロハニㄱ [是]リ 故灬 我ㄱ … 佛ㄴ <u>歎ソ白ロ</u>
<u>トろ丨ソㅌハニ丨</u>
<u>時十</u> 諸ㄱ 大衆ㄱ …

--구인 11:13-14

b. 天尊ᄋᆞᆫ … 니르고기신 [是]이 故로 나는 … 佛을 <u>歎ᄒᆞᅀᆞᆸ누오</u>
<u>다ᄒᆞᄂᆞ기시다</u>
<u>ᄢᅴ</u> 몯ᄋᆞᆫ 大衆ᄋᆞᆫ …

(20) 至リソㅌハニ丨
時十

--구인 2:13~14

(21) 作ソセ彳ソニトㄱリ氵セロソㅌハニケ
時十

--구인 2:23~24

(22) 佛ㄱ 卽ろ
時リ去ろㄱのㄴ 知ニケ

--구인 3:13

시간의 부사구 '時+(ᄢᅴ)'는 (22)를 제외하고 모두 文頭에 쓰여 그 앞에서 일단 의미단락이 완결되고 '時+(ᄢᅴ)'에서 새로운 내용이 시작됨을 나타내고 있다. (18)은 '-ㄱ(ㄴ)' 다음에, (19-20)은 종결어미 '-丨(다)' 다

음에, (21)은 접속어미 '-ㅈ(며)'에, 각각 '時+(쩨)'가 후행한 것을 보이
고 있으며, (22)만 유일하게 文頭가 아니라 文中의 위치에 쓰인 것을 보
이고 있다. (18)의 표면형은 '-ㄱ(ㄴ)'으로 끝나고 있어 관형사형으로 볼
위험이 있지만, 15세기의 접속어미 '-니'와 같은 의미를 가지고 의미단
락을 완결시키는 기능을 수행한다.

(23) 坐ソヒハニ丨
　　　爾ヒソㄱ 時+

                                              --구인 2:9~10

(24) 震動ソロヒ丨
　　　爾ヒソㄱ 時+

                                              --구인 2:18~19

(25) 無ヒヒハニ丨
　　　爾ヒソㄱ 時+

                                              --구인 3:3~4

(26) 至ナ犭
　　　是ヒソㄱ 時+

                                              --구인 2:18

(27) 仁王護國般若波羅密經觀空品第二
　　　爾ヒソㄱ 時+

                                              --구인 3:16~17

(28) 仁王護國般若波羅密經二諦品第四

爾セゝ丁 時十

--구인 14:17~18

(23~28)은 (18~22)와는 달리 '丁 + 爾時十(ㄴ이쩌)'의 구성으로 '爾(이)'가 '時十(쩌)'에 先行하여 그 앞의 서술 내용을 代形式으로 일단 받은 다음 연결시켜 주기 때문에 (18~22)보다는 그 앞에서 의미 단락이 일단 완결됨을 확실히 나타내고 있다. (23~25)는 종결어미 '-ㅣ(다)' 다음에, (26)은 접속어미 '-ゝ(며)' 다음에, (27~28)은 하나의 이야기가 끝나고 새로운 이야기가 시작되는 곳에 쓰인 것이다.

마) 접속어미

구인의 경우에도 다음(3. 2)에 살펴볼 향가와 마찬가지로 '-ㅁ丁(곤)'이 접속의 기능을 보이는데, 향가의 '-곤(昆)'과는 달리 구인의 '-곤(ㅁ丁)'은 두 개의 차자로 분철되어 나타난다. 그런데 이것이 단순한 분철이 아니라는 것은 'ゝㅁ丁ㄴ'(구인 11:7)과 같은 표기에서 알 수 있다. 즉 향가의 '-곤'은 더 이상 분석할 수 없는 단일 어미처럼 쓰이는데, 구인의 경우에는 '-ㅁ丁(곤)에 대격조사 '-ㄴ(올)'이 결합하여 형태 결합상 특징이 명사적인 특징을 보이면서 의미상으로 접속어미의 의미 기능을 나타내기도 한다.

(29) a. 思議ノ古 可セゝ丁 不矢ゝ 度量ノ古 可セゝ丁 <u>不矢ㅣㅁ丁</u> 唯ハ 佛
ㅅ 與七 佛ㅅㅣニ氵 [斯]ㅣ 事ㄴ 知ニ古七ㅣ

--구인 11:23~24

b. 思議홈 可ㅅ혼 안디며 度量홈 可ㅅ혼 <u>안디이곤</u> 오직 佛와 다못
佛와이시사 이 일을 아릇심ㅅ다

(29a)의 '不ㅊ‖ㅁㄱ'와 이에 후행하는 '唯ㅅ'과를 생각하면, 이때의 '-ㄱ(ㄴ)'은 명사형어미로도 관형사형어미로도 문맥에 자연스럽게 부합되지 않는다. 향가의 '-곤(昆)'과 후기 중세국어에서 '-거니'에 대응되는 접속어미 '-곤'을 생각하면, 이 '-ㅁㄱ(곤)'은 통합형 접속어미로서 'ㅁ + ㄱ'으로 재분석될 수 있다. 이때 재분석된 '-ㄱ'은 기원적으로 동명사형어미였지만 '-ㅁ-(고)'가 선접한 환경에서는 이미 접속어미로 그 기능이 바뀐 것으로 볼 수 있다.

'-ㅁㄱ(곤)'이 접속어미의 기능을 보인다는 것은 앞의 (10a)를 통해서도 알 수 있다. 즉 '-ㄱㄴ(ㄴ올)'이 후기 중세국어의 '-놀'에 직접 대응된다는 사실을 앞에서도 언급했는데 (10a)의 '住ソニㄱㄴ + 唯ㅅ'의 구성과 (29a)의 '不ㅊ‖ㅁㄱ + 唯ㅅ'의 구성이 일치한다는 사실로부터 '-ㄱㄴ(ㄴ올)'과 '-ㅁㄱ(곤)'은 모두 접속의 기능을 하는 것임을 알 수 있다. (30a)의 'ソㅁㄱ(ᄒ곤)'도 접속의 기능과 관련된 것임을 나타내는 예이다.

(30) a. 諸ㄱ 法ㄱ 因緣ᄶ <u>有ソ</u><u>分ソ</u><u>ㅁㄱ</u> 有ㅅ 無ㅅㅌ 義‖ 是‖ 如ㅣ<u>ソ扌ㅣ</u>

                            --구인 15:2

b. 몯온 法은 因緣으로 <u>有ᄒ며ᄒ곤</u> 有와 無왓 義이 이 다 <u>ᄒ겨다</u>

(30a)의 'ソㅁㄱ(ᄒ곤)'의 '-ㄱ(ㄴ)'은 후행의 명사를 수식해 주는 관형사형어미라고 할 수 없고, 후기 중세국어의 '-거니'에 해당하는 접속어미의 기능을 하는 것이다. 그러나 'ソ扌ㄱ(ᄒ견)'의 경우는 대부분은 (6a)의 '得扌ㄱ 實天衆ᄒ十(언견 實天衆의긔)'처럼 관형사형어미의 기능을 한다는 점에 차이가 있다.

참고로 'ㅁ(고)'의 분포(31)와 기능(32~33)을 보이면 다음과 같다.

(31) a. 下ソ口ㅌㄴ分(下ᄒᆞ고놀며)

--구인 2:15

b. 震動ソ口ㅌ l (震動ᄒᆞ고ᄂ다)

--구인 2:18

c. 住ソ口ㄱㄴ(住ᄒᆞ곤올)

--구인 11:7

d. 照ソ二口ㄴ分(照ᄒᆞ시곯며)

--구인 11:10

e. 盡ᄒ口(다ᄋᆞ고)

--구인 11,3

f. 不矢ㅣ口ㄴ分(안디이곯며)

--구인 14:19

(32) a. 三十生ㄴ 盡ᄒ口 等ᄒ 大覺ソ二分

--구인 11,3

b. 一切報ㄴ 盡ᄒ口 無極ソㄱㅌㄴ 悲ㄴソ二分

--구인 11,4

(33) a. ソ口ㅌㄴ分(ᄒᆞ고놀며)

--구인 2:15

b. ソ口ㅌ l (ᄒᆞ고ᄂ다)

--구인 2:18

(32)는 '-ㅁ(고)'가 접속어미로, (33)은 '-ㅁ(고)'가 선어말어미로 각각 쓰인 것이다.

바) 부사적 기능

구인에서는 '復'이나 '今' 같은 부사 한자어에 '-ﾉㄱ(훈)'이란 토가 달리는 경우가 있다.

(34) a. 復ﾉㄱ 五道ㄴ 一切 衆生ﾉﾉ 有ヒナ分

                                        --구인 2:1

　　 b. 쪼훈 五道ㅅ 一切 衆生이 잇겨며

(35) a. 復ﾉㄱ 他方ㄴ 量ﾉ古 可ヒﾉㄱ 不矢ﾉヒㄴ 衆 有ヒナ分

                                        --구인 2:1

　　 b. 쪼훈 他方ㅅ 量홈 可ㅅ훈 不디이늦 衆 有ㅅ겨며

(34a)는 "또한 五道의 一切 衆生이 있으며" 정도의 의미가 있고, (35a)는 "또한 他方의 헤아림이 可하지 아니한(헤아릴 수 없는) 大衆이 있으며" 정도의 의미가 있는데, '復ﾉㄱ'은 후기 중세국어의 부사 '쪼훈'에 이어지고 있는 것이 확실하다. 이 '쪼훈'이 '마찬가지로' 혹은 '한가지로'의 의미를 갖는다는 것을 고려하면 부사 '쪼'에 '훈'이 결합된 말로 이 '훈'의 'ᄒ'는 동사 어간으로 여기에 동명사형어미 '-ㄴ'이 연결되어 부사적 기능으로 발달한 것이다.

(36) a. (是)リ 故灬 我ㄱ 今ㆍ1 略ㅎ 佛乚 歎ㆍ白口卜ㅎㅣㆍ匕ハㄴㅣ

--구인 11:13

b. 이 故로 나는 今호 略히 佛을 歎ㅎ숣고누오다ㅎㄴ기시다

(36a)는 "이런 고로 나는 지금 간략히 부처님을 찬탄하옵는다 하였다" 정도의 의미를 갖는데, 이때 '今ㆍ1'은 부사의 기능을 한다. 따라서 '今ㆍ1'의 '-ㄱ(ㄴ)'도 '復ㆍ1(쏘호)'의 '-ㄱ(ㄴ)'처럼 부사적인 기능을 하는 것으로 볼 수 있다. 하지만 '復'와는 달리 '今'은 (1a)의 ' 今乚 [如這 異ㆍ1 無匕ㄴㅎ'에서처럼 명사로도 쓰인다.

2) 동명사형어미 '-ㄹ(ㄹ)'의 분류

가) 명사형어미

(37) a. 口ㅣ十 常リ 說法ㆍ白ㅎㄹ尸ム 無義ㆍ1のㄴㆍ尸 非多ㆍㄴㅎ

--구인 11:10

b. 口아히 常이 說法ㅎ숣올디 無義한들홀 안들ㅎ시며

(37a)는 "입으로 항상 說法하시되 無義한 것을 하지(를) 아니하시며" 정도의 의미를 갖는데 否定辭 '非'의 被否定辭는 'ㆍ尸(홀)'이다. 'ㆍ尸'의 'ㆍ'는 代動詞로서 '無義한 것을 說法하다'의 뜻을 다시 받는다. '-尸(ㄹ)'은 15세기의 '아니 홇 아니 ㅎ-'의 'ㄹ'에 해당하는 동명사형어미로[10] 명사적인 기능을 보인다.

---

10) 남풍현(1976:75) 참조.

나) 관형사형어미

(38a)의 '居士刂二尸'에서 '尸(ㄹ)'은 후행하는 체언 '寶, 蓋, 法, 淨名' 등을 수식하는 관형사형어미의 기능을 한다.

(38) a. 次第㣺 居士刂二尸 寶𠃋 蓋𠃋 法𠃋 淨名𠃋 丷尸 等丷二ㄱ 八百人 ラ十 問二㢱

--구인 3:1

b. 次第로 居士이실 寶여 蓋여 法여 淨名여 홀 等ᄒᆞ신 八百人의긔 물으시며

그러나 (39~42)의 경우에는 관형사형어미 '-尸(ㄹ)'이 '禾(리)'나 '숨(리)'의 형태에 포함되어 있기 때문에 '-尸(ㄹ)'만을 다시 분석해내야 한다.

(39) a. 菩薩𠃋 比丘𠃋 八部𠃋 ノ今七 大衆刂

--구인 2:4

b. 菩薩여 比丘여 八部여 호릿 大衆이

(40) a. 幻法𠃋 幻化𠃋 ノ今ㄱ 名字 無七㢱

--구인 14:3

b. 幻法여 幻化여 호린 名字 업스져

(41) a. 十八梵天𠃋 六欲七 諸ㄱ 天𠃋 ノ今刀 亦丷ㄱ

--구인 3:4~5

b. 十八梵天여 六欲ㅅ 몯ᄋᆞᆫ 天여 <u>호리도</u> ᄯᅩᄒᆞᆫ

(39)의 'ノ令七', (40)의 'ノ令ㄱ', (41)의 'ノ令刀'는 각각 (42)와 같이 분석될 수 있다.

(42) a. 'ノ令七' : ᄒᆞ(어간) + 오(선어말어미) + ㄹ(관형사형어미) + 이(의존명사) + ㅅ(속격)
b. 'ノ令ㄱ' : ᄒᆞ(어간) + 오(선어말어미) + ㄹ(관형사형어미) + 이(의존명사) + ㄴ(주제화첨사)
c. 'ノ令刀' : ᄒᆞ(어간) + 오(선어말어미) + ㄹ(관형사형어미) + 이(의존명사) + 도(보조조사)

한편 다음 (43)의 경우에는 '禾'에 다시 'リ'가 연결되어 분석을 어렵게 한다.

(43) a. 花上氵十 皆七 量 無七ㄱ 國土リ 有七ろㄱ厶 二國土氵十ケㅣ 佛ㆍ 及ハ <u>大衆ㆍノ禾リソ白ろㄱ厶</u>

--구인 2:4~5

b. 花上아히 皆ㅅ 量 업슨 國土이 잇온ᄃᆡ 二國土아히마다 佛여 及기 <u>大衆여호리이ᄒᆞᅀᆞᆸ온ᄃᆡ</u>

(44) a. <u>續ソ令</u> 不矢ㅅ

--구인 14:7

b. <u>續ᄒᆞ리</u> 안디며

(43)의 'ノ禾リ'는 '國土リ 有七ろㄱ厶(國土이 잇온ᄃᆡ)'와 '大衆ㆍ ノ禾

ㅣㅣ✓白ㅋㄱ ㅅ(大衆여호리이ㅎ숧온뒤)'를 비교하고 (44a)를 고려하면, (45)
와 같이 분석될 수 있다.

    (45) 'ノ扌ㅣ' : ㅎ(어간) + 오(선어말어미) + ㄹ(관형사형어미) + 이(의존
        명사) + 이(주격조사)

    (46)의 '슈(리)'는 후기 중세국어의 공시태를 고려하면, 선어말어미의
기능을 한다고도 볼 수 있는데, 전기 중세국어의 공시태까지를 고려하
면 (47)과 같이 세 가지의 분석 가능성이 있다.

    (46) a. 護ノ슈ㅌ 因緣ㅣㅣ✓ㅁㅈ슈ㅈ

                                                        --구인 3, 23

        b. 護호릿   因緣이다ㅎ고오리오

    (47) a. ㅎ(어간) + 고(선어말어미) + 오(선어말어미) + 리(선어말어미) +
        오(종결어미)
        b. ㅎ(어간) + 고(선어말어미) + 오(선어말어미) + ㄹ(명사형어미) +
        이(계사) + 오(종결어미)
        c. ㅎ(어간) + 고(선어말어미) + 오(선어말어미) + ㄹ(관형사형어미)
        + 이(의존명사) + 이(계사) + 오(종결어미)

    (47a)는 '슈(리)'가 이 당시(12세기 중엽)에 이미 선어말어미로 굳어진
것으로, (47b)는 '슈(리)'에서 분석되는 '-ㄹ'을 명사형어미로, (47c)는 관
형사형어미로 각각 본 것이다. 그런데 선어말어미 '-니-'가 'ㄴ + 이 +
이'로 분석될 수 있다는 2장의 논의를 고려하면, (47c)가 타당한 것이
라고 할 수 있다. 다만, 같은 시기(12세기 중엽)의 문헌인 구인에서 '-니

-'는 후대의 자료에서처럼 'ヒ'라는 한 자의 차자로 쓰이질 않고, 항상 'ㄱ + 刂'로 분철되어 표기되는 데 반해, '-리-'는 이 당시에 이미 '利'나 '令'라는 한 자의 차자로 표기되는 것으로 보아 '-리-'가 '-니-'보다 이른 시기에 선어말어미로 굳어지게 됐을 것이라는 추정이 가능하다.

다) 접속어미

(48) a. 爾ヒソㄱ 時十 大王ㄱ 復ソㄱ 起ソ3 作禮ソ白ロ 佛十 白3 <u>言ニ尸</u> 世尊下 一切 菩薩ㄱ 云何ヒソㄱㄴ 佛果ㄴ 護ソ厼 云何ヒソㄱㄴ 十地ヒ 行ㄴ 護ノ令ヒ 因緣リ丨ソロろ令ろ

--구인 3,22~23

b. 긋ᄒᆞᆫ ᄢᅴ 大王ᄋᆞᆫ ᄯᅩᄒᆞᆫ 起ᄒᆞ아 作禮ᄒᆞᅀᆞᆸ고 佛ᄭᅴ ᄉᆞᆲ아 <u>니르실</u> 世尊하 一切 菩薩ᄋᆞᆫ 엇ᄒᆞᆫᄋᆞᆯ 佛果ᄋᆞᆯ 護ᄒᆞ며 엇ᄒᆞᆫᄋᆞᆯ 十地ㅅ 行ᄋᆞᆯ 護호릿 因緣이다ᄒᆞ고오리오

(48a)에서 '言ニ尸(니르실)'에 쓰인 '-尸(ㄹ)'은 표면적인 문장 구성만을 생각하면 후행하는 체언 '世尊'을 수식하는 관형사형어미의 기능을 갖는다고 할 수 있지만, 문맥 의미를 고려하면, 이 '-尸(ㄹ)'은 접속어미의 기능을 하는 것이다. 왜냐하면 동사 '言ニ尸(니르실)'의 주체는 大王인데, '-尸(ㄹ)'이 世尊을 수식하는 관형사형어미의 기능을 하는 것으로 본다면, '言ニ尸'의 주체가 世尊이 되는 모순이 생긴다. 왜냐하면 의미 단락이 '言ニ尸'까지에서 일단 완결되고, '世尊' 이하에서 새로운 내용이 시작되는 것으로 보아야 하기 때문이다. 결국 이때의 '-尸(ㄹ)'은 접속어미이거나 명사문 종결의 기능을 하는 명사형어미일 가능성만 남게 된다. 곧 '-尸(ㄹ)'이 접속어미 기능을 한다면, '言ニ尸'는 '-니르시니' 정도가 될 것이고, 명사형어미로서 명사문 종결의 기능을 하는 것으로 보면 '言

=尸'의 의미는 '니르시기를 … ' 정도의 의미를 갖는다. 다음 (49)은 이
승재(1992:189)에서 재인용한 예문인데 '-ㄴ(ㄹ)'이 고려시대의 이두에서
접속어미의 기능을 한다고 본 것이다.

(49) 石佛 <u>在如賜乙</u> 重脩爲 今上 皇帝萬歲願

--校里磨崖 佛,A.D 977년

이승재 (1992)의 설명을 다음에 그대로 인용한다.

(49)의 '在如賜乙'은 '겨더시늘' 정도로 읽힐 것인데, 정작 문제가 되는 것
은 어미 통합체인 '*-더시늘'이 15세기에 문증되지 않는다는 점이다. 그러나
이 '乙'이 연결어미의 기능을 가진다는 사실에는 틀림이 없을 것이다. (53)의
'乙'은 15세기의 'ᄒ야놀, ᄒ거늘'의 '-놀/늘'에 대응하는 것으로 대개는 인과
관계 구문에 쓰인 것이라 할 수 있다. 따라서 의미 기능에서는 15세기와 큰
차이가 없는데, 일부의 예(淨兜寺形地記 11~13)에서 15세기의 '-놀/늘'과는
달리 동사어간에 직접 통합할 수 있다는 특징을 갖는다.

위의 인용문을 요약하면 (49)의 '-乙(ㄹ)'은 접속어미로 15세기의 접속
어미 '-놀/늘'에 대응한다는 것이다. 그러나 앞에서 구인의 자료를 검토
하면서 '-ㄱ 乙(ㄴ올)'의 어미구조체가 후기 중세국어의 '-놀/늘'에 대응함
을 밝힌 바 있듯이 '-乙(ㄹ)' 자체가 '15세기의 '-놀/늘'에 대응한다는 것
은 무리한 주장인 것 같다. 남풍현(1993)에서도 위의 (49)를 다루면서
이때의 '乙(ㄹ)'을 대격조사로 보고, 그 의미를 '계신 것을 …' 정도로 한
바 있다.

1-2. 화엄경 권14의 경우

1) 동명사형어미 '-ㄱ(ㄴ)'의 분류

가) 명사형어미

    (50) a. 恭敬ノ수ヒ <u>本ㅣ尸ㅅㄴ丶ナㄱ ㅣ氵</u>

--화엄 9:22~23

        b. 恭敬호릿 <u>本일돌ᄒ견이며</u>

    (50a)는 "恭敬(할 것)의 근본이 되는 것이며" 정도의 의미를 갖는 것으로 이때 '丶ナㄱ ㅣ氵(ᄒ견이며)'는 (51)과 같이 분석 된다. '-ㄱ(ㄴ)'은 명사형어미로 쓰인 것이다.

    (51) 丶(어간) + ナ(선어말어미) + ㄱ(명사형어미) + 이(계사) + 氵(접속어미)

나) 관형사형어미

    (52) 皆ヒ 嚴好丶ㄱ ㅣ氵 眞金ㄴ 華 爲氵丶ㄱ ㅣ氵 寶ㄴ 帳 爲氵<u>丶ㄱ ㅣ氵</u>
      ノ수ㄴ

--화엄 15:20~21

    (52)는 "모든 嚴好한 것과 眞金을(로) 華麗하게 만든 것과 보배를(로) 揮帳을 만든 것과 같은 것을" 정도의 의미를 갖는 것으로 이때 '丶ㄱ ㅣ氵(ᄒ이여)'는 (53)과 같이 분석된다. 따라서 '丶ㄱ ㅣ氵'의 '-ㄱ(ㄴ)'은 관형사형어미로 쓰인 것이다.

(53) ✓(어간) + ㄱ(관형사형어미) + ㅣㅣ(의존명사) + ;(계사의 활용형)

또한 '-ㄱㅅㄱ(ㄴ둔)'이나 '-ㄱㅅㄴ(ㄴ둘)'과 같은 어미구조체에서 분석
되는 관형사형어미 '-ㄱ(ㄴ)'이 있다.

(54) a. 若 如來尸 體ㅣㅣ <u>常住✓勿ㅁㄱㅅㄱ</u> 見白ㅌ尸ㅅㄱ 則 能支 法ㅋ 永
     去 滅✓ㅁㄱ <u>不矢ㅌㄱㅅㄴ</u> 知ㅌ禾分

                                                        --화엄 11:15

(54a)의 '常住✓勿ㅁㄱㅅㄱ'의 '-ㄱㅅㄱ'은 (55a)로, '不矢ㅌㄱㅅㄴ'의
'-ㄱㅅㄴ'은 (55b)로 각각 분석된다. 따라서 의존명사 'ㅅ(ᄃ)'에 선행하
는 '-ㄱ(ㄴ)'은 관형사형어미로 쓰인 것이다.

(55) a. ㄱ(관형사형어미) + ㅅ(의존명사) + ㄱ(주제화첨사)
     b. ㄱ(관형사형어미) + ㅅ(의존명사) + ㄴ(대격조사)

다) 접속어미

구역인왕경과는 달리 화엄경에서는 '-ㄱ(ㄴ)'이 단독으로 접속의 기능
을 나타내지 못한다. 그 대신 다음에 살펴볼 접속어미 '-ㅌ(니)'가 이 자
료에 처음으로 보인다.

(56) a. 若 如來尸 體ㅣㅣ 常住✓勿ㅁㄱㅅㄱ 見白ㅌ尸ㅅㄱ 則 能支 法ㅋ 永
     去 <u>滅✓ㅁㄱ</u> 不矢ㅌㄱㅅㄴ 知ㅌ禾分

                                                        --화엄 11:15

     b. 若 能 法ㅋ 永去 <u>滅✓ㅁㄱ</u> 不矢ㅌㄱㅅㄱ 知ㅌ尸ㅅㄱ 則 得氵於

辯才刂 障礙ソ尸 無ㅌ矛ㄅ

--화엄 11:16

'-ㅁㄱ(곤)'은 구인이나 향가 등에서 주로 접속의 기능을 수행하지만, 화엄의 경우에는 그렇지 않다. (60a)의 '滅ソㅁㄱ'의 '-ㄱ(ㄴ)'을 접속어미로 보면 문맥이 통하질 않는다. 이는 "만약 如來가 될 몸이 常住하시옴을 보시온 즉 能히 法에 영원히 滅하지(를) 않는 것을 알 것이며" 정도로 해석될 수 있어, 이때의 '-ㄱ'은 명사형어미로 쓰인 것이라고 할 수 있다. 이 점은 (60b)의 '滅ソㅁㄱ'도 마찬가지이다. '滅ソㅁㄱ'은 否定辭 '不'의 被否定辭로 '滅ソㅁㄱ'의 '-ㄱ(ㄴ)'은 명사형어미로 쓰인 것이다.

2) 동명사형어미 '-尸(ㄹ)'의 분류

가) 명사형어미

(57) 辯才刂 障礙ソ尸 無ㅌ矛ㄅ 若 得3 ホ 辯才刂 障礙ノ尸 無ㅌ尸入ㄱ 則

--화엄 11:16~17

(57)의 '辯才刂 障礙ソ尸 無ㅌ矛ㄅ'는 "辯才가 障礙한 것 없으며" 정도의 의미를 갖는데, '障礙ソ尸'은 후행의 동사 '無'의 被否定辭로 쓰인 것이다. 따라서 '障礙ソ尸'의 '尸(ㄹ)'은 명사형어미로 보아야 한다.

(58) 皆ㅌ 掌ㅌ 中ㄴ 從ㅌ 雨刂尸 不ソ尸丁ノ尸 莫ㅌ刂ソㅁㅌㄅ

--화엄 15:21

(58)은 "모든 손 가운데로부터 뿌리지 아니함이 없으며" 정도의 의미가 되는데, '雨刂尸'은 부정사 '不'의 피부정사가 되기 때문에 '雨刂尸'의 '-尸(ㄹ)'은 명사형어미로 쓰인 것이다. 또한 '不丷尸丁ノ尸'의 'ノ尸'은 후행의 금지사 '莫'의 피부정 대상이 되므로 'ノ尸(홀)'의 '-尸(ㄹ)'도 명사형어미로 쓰인 것이다.

나) 관형사형어미

(59) a. 諸ㄱ 欲樂氵十 受ᅙ尸 所氵 無ᅙㄱ 入ㄴ 示刂ナㄅ

--화엄 18:17

b. 몯ᄋᆞᆫ 欲樂아히 받올 바 업손돌 보이겨며

(59a)는 "모든 欲樂에 받을 바 없는 것을 보이며" 정도의 의미를 갖는데, 이때 '受ᅙ尸'의 '尸(ㄹ)'은 후행하는 의존명사 '所(바)'를 수식하는 관형사형어미이다.

(60) 寶ㄴ 帳 爲氵丷ㄱ刂氵ノ仒ㄴ 皆七 掌七 中ㄴ 從七 雨刂尸 不丷尸丁 ノ尸 莫七刂丷口ㅌㄅ

--화엄 15:21

(60)의 'ノ仒ㄴ(호릴)'은 (61)과 같이 분석되어 이때의 '仒(리)'에서 분석되어 나오는 '-尸(ㄹ)'은 관형사형어미로 보아야 한다.

(61) 丷(ᄒᆞ:어간) + ろ(오:선어말어미) + 尸(ㅭ:관형사형어미) + 이(의존명사) + ㄴ(ㄹ:대격조사)

한편 (58)의 '✓ 尸丁(홀뎡)'은 '✓(어간) + 尸丁(접속어미)'와 같이 분석되어 이때의 '-尸(ㄹ)'은 동명사형어미에 기원을 두지만 이미 접속어미의 일부분으로 녹아 들어간 것으로 보아야 한다.

다) 접속어미

구인과는 달리 화엄에서는 '-尸(ㄹ)'이 접속어미로 쓰인 예가 나타나지 않는다. 구인에서도 하나의 예(48)를 제외하고 대부분의 '-尸(ㄹ)'이 명사형어미나 관형사형어미로 쓰이고 있다. 이는 후기 중세국어에서 어미 '-니'뿐 아니라 '-곤'이나 '-(거)늘' 등과 대응되는 '-ㄱ(ㄴ)'과는 차이가 있다.

3) '-ㅌ(니)'의 분류

가) 접속어미

12세기 중엽 이후의 것으로 구인보다는 약간 후대본일 것으로 추정되는 화엄경 자료에 처음으로 접속어미 '-ㅌ(니)'가 등장한다.

(62) 家ㄱ 是ㄱ 貪愛繫縛ㅌ 所ㅔㅌ 衆生ㄴ 悉ᄒ 免離 使ㅔ [欲]人 故去
　　　　　　　　　　　　　　　　　　　　　　　--화엄 18:16

(62)는 "집은 이는 貪愛繫縛의 場所이니 衆生을(引導하여) 다 免離하게 하고져 하므로" 정도의 의미를 갖는 것으로 '所ㅔㅌ'의 '-ㅌ(니)'는 접속어미로 쓰인 것이 틀림없다.

나) 선어말어미

(63) a. 摩睺羅伽等丨ㅅㄱ リﾐ ノ天ヒㄱㅅㄴ 現ﾂ氵 其 樂ﾂ尸 所ㄴ 隨ﾂ

--화엄 14:24

b. 若 能爲衆說法時 音聲隨類難思議ノ天ヒ尸ㅅㄱ 則 [於] 一切 衆生
氵 心ㄴ 一ㄱ 念氵十 悉氵 知ﾂ尸厶

--화엄 13:15~16

(63a)의 'ノ天ヒㄱㅅㄴ(호리닌둘)'과 (63b)의 'ノ天ヒ尸ㅅㄱ(호리눌둔)'을
비교 분석하면, (63a)의 'ヒ(니)'는 (63b)의 'ㅌ(ᄂᆞ)'에 대응되므로 선어말
어미일 가능성이 있지만 현재로서는 단정할 수 없다. 이와 같은 예로
(64)를 들 수 있다.

(64) a. 若 能 法ﾂ 永ㅗ 滅ㅅ口ㄱ 不矢ヒㄱㅅㄱ 知ㅌ尸ㅅㄱ

--화엄 11:16

b. 則 能支 法ﾂ 永ㅗ 滅ㅅ口ㄱ 不矢ヒㄱㅅㄴ 知ㅌ禾分

--화엄 11:15

2. 향가 자료의 동명사형어미 '-隱(ㄴ)'과 어미 '-尼(니)'의 통사 기능에 따른 분류

2-1. 동명사형어미 '隱(ㄴ)'의 분류

향가의 표기에 나타나는 '-隱(ㄴ)'은 다음과 같이 4가지로 나누어 볼

수 있다. 여기서 논의하는 향가 자료는 김완진(1980)의 연구를 중심으로 동명사형어미 '-ㄴ'의 쓰임과 접속어미 '-니'와의 관계를 밝히기로 한다.

1) 명사형어미

자료상에는 나타나지 않는다. 구인에 나오는 'ᄂᄆᄀ(ᄒ곤)'과 처용가에 나오는 '見昆(보곤)'의 '-곤'을 같은 형태로 인정할 수 있다면, 'ᄂᄆᄀㄴ'처럼 '見昆(보곤)'의 '곤'의 '-ㄴ'도 기원적으로 동명사형어미에서 왔다고 볼 수 있기 때문에 쓰였을 가능성은 있다.

2) 관형사형어미

어간에 직접 결합하여 흔히 단어 차원에서 수식의 기능을 수행한다. 다음 3)의 '-隱(ㄴ)'과 공통점과 차이점을 갖는다.

(65) a. 原文 : <u>去隱春皆理昧</u>
     b. 轉字 : <u>가-은-봄-모도-리-미</u>
     c. 轉寫 : <u>간 봄 몯 오 리 매</u>
     d. 現代 : <u>지나간</u> 봄 돌아오지 못하니

--모죽지랑가

3) 관형사형어미 + 접속어미

'-烏隱(온)'의 형태로 위의 2)와 같이, 통사 기능상 관형사형어미의 기능을 하면서, 의미 기능상으로는 접속어미에 가까운 기능을 보이기도 한다. 항상 '-이' 母音 다음에 '-烏隱(온)'의 형태로 쓰인다는 점에서 4)의 '-昆(곤)'과 음운론적인 이형태 관계에 있는 것이 아닌가 하는 생각도 들지만, 통사적인 특징과 의미 기능에서 차이가 나기 때문에 일단 달리 구별하여 다룬다. '-곤'의 경우에는 예외 없이 접속어미의 기능을 하고 있지만, '-온'의 경우에는 접속어미보다는 관형사형어미로의 기능이 우세하게 나타나기 때문이다. (66b)의 경우 '발기시온'의 '-온'은 (66c)와 같이 후행의 체언 '즈싀'를 수식하는 관형사형어미로 볼 수도 있고, (66d)와 같이 접속어미로 볼 수도 있다. 이에 반해 (67b) '디니더시온'의 '-온'은 (67d)와 같이 접속어미로 보면 문맥이 통하질 않고 (67c)와 같이 관형사형어미로 보아야 한다.

(66) a. 阿冬音乃叱好支賜烏隱
　　　 皃史年數就音墮支行齊

　　　　　　　　　　　　　　　　　　　　　--모죽지랑가

　　 b. 무둠곳 <u>발기시온</u>
　　　　 즈싀 히 혜나삼 헐니져

　　 c. 殿閣을 밝히<u>오신</u>
　　　　 모습이 해가 갈수록 헐어 가도다

　　 d. 殿閣을 <u>밝히시오니</u>
　　　　 모습이 해가 갈수록 헐어 가도다

(67) a. 郎也持以支如賜烏隱
　　　 心未際叱肹逐內良齊

　　　　　　　　　　　　　　　　　　　　　--찬기파랑가

　　 b. 郎이여 디니더시온
　　　　 무슨미 굿술 좃느라져

c. 郞이 지니시던
   마음의 갓을 쫓고 있노라

d. 郞이 지니시더니
   마음의 갓을 쫓고 있노라

4) 접속어미

(68) a. 夜入伊遊行如可
       入良沙寢矣見昆
       脚烏伊四是良羅

                                        --處容歌

    b. 밤 드리노니다가
       드러사 자러 <u>보곤</u>
       가로리 네히러라

    c. 밤들이 노니다가
       들어 자리를 <u>보니</u>
       다리가 넷이러라

(68b)의 밑줄 친 '보곤'은 일단 다음과 같이 네 가지로 분석해 볼 수 있다.

(69) a. 보(어간) + 고(접속어미) + ㄴ(보조조사)
     b. 보(어간) + 고(선어말어미) + ㄴ(관형사형어미)
     c. 보(어간) + 곤(접속어미)   .
     d. 보(어간) + 고(선어말어미) + ㄴ(접속어미)

(69a)는 향가나 그 이전의 자료에서 접속어미에 보조조사가 결합한 예가 나타나질 않기 때문에 구조적인 지원을 받을 수 없다. 의미도 현대국어의 '-곤'처럼 [반복]의 의미가 파악되지도 않는다. 따라서 (69a)의 분석 가능성은 이 논의에서 제외한다. (69b)는 '밤 늦게 들어와 잠자리에서 본 다리가 넷이더라' 정도의 의미를 갖는데, (68b)의 '자리'의 '-의'를 처격으로 해석하면 '보곤'의 '-ㄴ'은 후행하는 체언 '다리'를 수식하는 관형사형어미로 볼 수 있다. 이는 3)의 '-온'이 (66c)처럼 관형사형어미로도 (66d)처럼 접속어미로도 해석될 수 있기 때문이다. 그러나 후기 중세국어의 문헌에서 '-곤'이 모두 '-거니'에 대응된다는 점을 고려하면 (69b)는 문제가 있다. (69c)는 향가의 경우는 물론 고려가요나 후기 중세국어의 문헌에서도 쓰이며 흔히 어미구조체 '-거니'와 대응된다는 점에서 타당성이 있다. 그렇지만 구인에서는 '-ㅁㄱㄴ(곤욀)'처럼 '-ㅁㄱ(곤)'에 대격조사 '-ㄴ(ㄹ)'이 결합되어 쓰인다는 점을 고려하면 (69d)의 가능성도 배제할 수 없다. 김완진(1980)에서는 (68b)의 '보곤'은 '보니'로 해석하고 있다.

후기 중세국어의 경우에 '-거니'에 대응되는 접속어미로 '-곤'이 있다. 허웅(1975:609~611)에서는 이때의 '-곤'을 [비교법]으로 규정하고, 앞의 일을 사실로 다짐하고 그와 비교해서 뒤의 일은 더 말할 필요도 없이 사실임을 강조하는 접속법으로 설명하고 있다. 다음이 그 예이다.

(70) a. 혼 사룸 勸ᄒᆞ야 가 法 듣게 혼 功德도 이러ᄒᆞ곤 ᄒᆞ물며 … 말다비
　　　修行호미ᄯᆞ녀

--월석 17:53~54

b. 혼 사룸 勸ᄒᆞ야 가 法 듣긔 ᄒᆞ야도 功德이 이러커니 ᄒᆞ물며 …

--석보 19:8

이것으로 보면, '-곤'도 [전제]의 의미 기능을 하는 어미로 볼 수 있겠으나 허웅(1975)에서는 '이 어미는 앞에 틀림없는 사실을 내세우고서, 그보다 더 자명한 사실을 그와 비교해서 강조하는 형식이기 때문에' 비교법을 따로 세운다고 하였다. 그러나 그 제약법적인 성격은 역시 강한 것이어서 고려가요에서는 제약법으로(비교의 뜻이 없이) 사용된다.

(71) a. 누릿 가온더 <u>나곤</u> 몸하 ᄒ올로 녈셔

--악학궤범, 동동

b. 니믈 외셔 <u>녀곤</u> 오늘낤 嘉俳샷다

--악학궤범, 동동

그리고 한문 본문의 토와 번역에서 '-곤'과 '-니'가 대응되어 쓰인 예는 다음 (72)에서 볼 수 있다.

(72) a. 이 ᄀ티 第五十人에 올ᄆ며 올마 法華經 듣고 隨喜功德도 오히려
無量無邊阿僧祇온 ᄒ몰며 믓 처엄에 會中에 듣고 隨喜ᄒ니ᄯ녀

--법화 6:10

b. … 阿僧祇<u>어니</u> ᄒ몰며 …

--월석 17:50

c. 隨喜功德도 <u>그러ᄒ곤</u> 圓持功울 아랇디로다

--월석 17:54

이상의 '-곤'을 '-거니'와 비교하면, 다음과 같은 공통점과 차이점이 있음을 알 수 있다. 공통점으로는 첫째, '-곤'에 의한 접속문의 문장 구

조와 '-거니'에 의한 접속문의 문장 구조가 동일하다. 즉 '-곤'과 '-거니'에 후행하는 절은 일반적으로 'ᄒᆞᄆᆞᆯ며 … ~이ᄯᆞ녀'나 'ᄒᆞᄆᆞᆯ며 … ~이리오'와 같은 (수사)의문의 문체법을 가진다. 둘째, 이들 어미에는 뒤의 사실을 강조하기 위해 '-ᄯᆞᆫ'을 끝에 붙이기도 한다. 차이점으로는 첫째, 이들 어미에 의한 접속문에 후행절의 문체법이 의문법이 아닌 경우도 존재하는데, '-거니'는 15세기에 공시적으로 의문법과 서술법 등이 후행절의 문체법으로 쓰이는 반면, '-곤'은 15세기에는 예외 없이 의문법만이 쓰이고, 15세기 이전의 자료에서는 예외가 없이 의문법이 아닌 서술법이 일반적으로 쓰이고 있다. 또한 '-곤'은 15세기 이전에 생산적으로 쓰이다가 15세기에 오면, 보수적인 형태로 몇몇 문헌에 쓰이다가 점차로 '-거니'로 대체되어 나간다. 여기서 필자는 (73)과 같은 추정을 한다.

(73) a. '-곤'은 '-거니'의 先代形이다.

    b. '-거니'의 원래 의미는 15세기 이전의 자료에 나오는 '-곤'과 같이 단순한 [전제]였는데, 'ᄒᆞᄆᆞᆯ며 … ~이리오'와 같은 構文를 가진 절이 후행하게 될 때 [대립]에 의한 [강조]의 의미가 부차적으로 나타나게 되었다가 그러한 構文이 관용적으로 쓰이면서 독립된 의미([양보])로 정착되어 나갔다.

중세국어의 '-곤'은 그 의미 기능에 따라 다음과 같이 나눌 수 있다.

① [대립]에 의한 [강조]를 나타내지만 [비교]의 뜻이 내포된 것
② [대립]에 의한 [강조]를 나타내어 15C 국어의 '-거니'에 대응된 것
③ 단순한 [전제]를 나타내어 '-니'와 대응될 수 있는 것으로 고려본 차자 표기 자료에서는 일반적으로 쓰이던 것

2-2. 어미 '-尼(니)'의 분류

1) 명사문 종결어미

향가에서 표면상 접속어미로 쓰인 '-니'는 하나만 나타나는데, (74)이
그 예이다.

> (74) a. 好尸日沙也內乎吞是
>   阿耶 唯只伊五音之叱恨隱潺陵隱
>   安攴尙宅都乎隱以多
>
> --遇賊歌
>
>   b. 즐길 法이사 듣느오다니
>   아야, 오직 뎌오밋힌 몰론
>   안즉 틱도 업스니다
>
>   c. 즐길 法을랑 듣고 있는데,
>   아아, 조그만 善業은
>   아직 턱도 없습니다

현전하는 향가 중에서 10구체 형식으로 된 것들은 모두 17개가 있다.
그런데 우적가의 경우만 10구체의 8句의 문장어미가 '-尼(니)'로 끝났고,
나머지 16개의 10구체 향가는 모두 종결어미로 끝맺고 있다는 점이 특
이하다. 조윤제 선생은 그의 국문학개설에서

10句體歌의 실제의 歌義로 본다하더라도 노래의 대체의 의미는 前 8句에
서 統一되어 마치고 後 2句에 와서는 앞의 主意를 反復强調하는 것이 그 대

부분이니 10句體歌의 특색과 그 형식적 妙味는 사실상 이 後句에 있다 하겠
는데 … 後略

라 하였는바 유일하게 나타나는 어미 '-니'도 15세기에 보이는 [전제]나
[이유]의 순수한 접속어미가 아니라, 10구체 향가의 구조상 '-니(ㄴ+이)'
가 명사문 종결의 기능을 하는 것으로 보아야 한다. 물론 15세기의 '-
니'가 종결어미 기능 혹은 의미 단락의 완결 기능을 보인다는 점에서
공통성을 확인할 수 있지만, '-ㄴ'에서 '-니'로 발달하는 과정을 중시하
여 향가에서 나오는 유일한 어미 '-尼(니)'는 명사문 종결의 '-니'로 본
다.11)

---

11) 양주동(1965/1993:662)에서도 "詞腦歌中 前八句에서 歌意가 段落을 이루지
   안코 後句에 直接連結되는 노래는 오즉 本歌뿐이다"라고 예외적인 점을 밝
   혔지만, 이때의 '-니'를 접속어미로 봤다는 점에서 필자와 차이가 있다. 참고
   로 10구체 향가의 목록은 다음과 같다.

   제망매가, 원왕생가, 수천수관음가, 안민가, 우적가, 혜성가, 예경제불가, 칭찬
   여래가, 광수공양가, 참회업장가, 수희공덕가, 청전법륜가, 청불주세가, 상수
   불학가, 항순중생가, 보개회향가, 총결무진가 (총 17개)

   또한 김완진(1980)의 현대어역에서 '-니'로 번역된 예는 다음과 같다.

   原文 : 去隱春皆理米 <모죽지랑가>
   轉字 : 가-은-봄-모도-리-미
   轉寫 : 간 봄 몯 오리매
   現代 : 지나간 봄 돌아오지 못하니

3. 안동본 능엄경 순독구결의 어미 '-니'의 형태 분석

13세기 중엽의 자료로 추정되는 안동본 능엄경의 순독구결에서는 어미 '-니'가 나타나고 있다. 그러나 '-니'에 대한 표기가 'ㆍㅌㄱ ㅔㅅ(ㅎ + ㄴ + ㄴ + 이 + 라)'처럼 '-ㄱ ㅔ(ㄴ이)'로 분철되고 있는데, 이는 당시 언중의 문법의식이 표기에 반영된 것으로 보인다. 결국 이들 자료의 표기를 통하여 이 당시가 어미 '-니'가 형성되어 가는 시기로 추정된다.

안동본에 나타난 표기법을 중심으로 어미 '-ㄴ' 혹은 '-니'에 대한 언중들의 문법의식을 추적한다.12)

3-1. 분할 표기

분할 표기는 후대본 능엄경(기림사본, 송성문본)에서는 하나의 차자로 표기되는 어미들이 상대본 능엄경(안동본, 대구본)에서는 두 개의 차자로 분할되어 표기된 경우들로 당시의 언중들(표기자)의 문법의식을 반영하고 있는 것으로 보인다. 특히 (75a, b)의 '-면'과 '-니'는 각각 '며 + ㄴ', 'ㄴ + 이'로의 재분석 가능성을 보여주는 표기이다.

    (75) a. 面(면) : ⩗(彌며) + ㄱ(隱ㄴ)

--안동본 2,11a:9

       b. ㅌ(니) : ㄱ(隱ㄴ) + ㅔ(是:이)

--안동본 3, 6a:10 / 안동본 2, 6a:9

---

12) 여말선초의 능엄경 순독구결에 나타난 표기법적인 특징은 대부분 남풍현 (1990)에 의지하였다.

c. 言(언) : ㅓ(於:어) + ㄱ(隱:ㄴ)

--기림사본 4 ,49a:7

d. 印(인) : ㅣㅣ(是:이) + ㄱ(隱:ㄴ)

--기림사본 2, 42b:2

3-2. 생략 표기

'ㅌ(니)'의 표기에 '-이'음의 표기를 생략하는 것은 후대의 구결(기림사본, 송성문본)에선 볼 수 없는 특징이다. 이는 생략 표기도 시대에 따라 달라질 수 있음을 보여주는 것이다.

가) 형태 전체가 생략된 경우(특히 'ㅌ'의 경우)

'ソヽㅌ⌒'(안동본 2, 2b:3)는 'ソ二ㅌㅌ⌒'(안동본 2, 5a:10)에서 'ㅌ'가 생략된 것이다. 이 'ㅌ'는 'ソㄱ ㅣㅣ⌒'(안동본 2, 6a:9)에서와 같이 '-ㄱ(隱) + ㅣㅣ(是)'로 분할되어 표기되기도 하였다. 분할 표기에서 'ㅣㅣ(是:이)'가 생략된 것이 'ソㄱ ⌒'(안동본 3, 8b:3)와 같은 표기이다. '-이'음의 생략은 이밖에도 'ソㄱ ᅻ'(안동본 4, 3b:14), 'ソㄱ ᅻ'(안동본 3, 3b:2)에서도 발견되는데 안동본에선 적지 않게 나타나는 토이다. 구인에서 후대의 '(ㅎ)니'에 해당하는 어미가 '-ㄱ(隱)니'으로 쓰인 형태가 자주 쓰였는데, 이 형태가 '-니'로 교체되는 과정에서 '-이'음의 생략 표기가 나타난 것으로 생각된다. 이 표기는 대구본, 송성문본에선 발견되지 않는다(남풍현, 1990:90~91).

나) 형태의 일부가 생략된 경우

(76) a. ╲ㅏㄱ(이온)<안동본 3, 1a:12> → ╲ㅏ<안동본 4, 8b:2>

　　　　　　　　　　　　　　　　→ ╲ノ<안동본 3, 1a:12>

　　　　　　　　　　　　　　　　→ ╲　<안동본 3, 2b:9>

　　　　　　　　　　　　　　　　→ ╲ㅜ<안동본 4, 8b:14>

　　　　b. ╲ㄱㅊㄱ<안동본2, 1b:12> → ╲ㄱㅊ<안동본 3, 2a:2>

　(76a)의 경우 '╲ㅏㄱ(이온)'의 'ㅏㄱ(온/곤)'을 하나의 접속어미로 인정
한다면, '╲ㅏㄱ(이온)'이 쓰일 자리에 '╲ㅏ, ╲ノ, ╲, ╲ㅜ' 등으로 쓰인
것은 독립된 기능을 나타내는 문법 형태(ㅏㄱ)의 일부가 생략된 것이다.
(76b)도 '╲ㄱㅊㄱ(인댄)'이 '╲ㄱㅊ'으로 쓰인 경우인데, 접속어미 '-ㄱㅊ
ㄱ(ㄴ댄)'의 일부인 끝요소 '-ㄱ(ㄴ)'이 표기상 생략된 것이다. 이처럼 형
태의 일부가 표기상 생략이 된다는 것은 하나의 형태('-ㄴ댄, -온' 등)가
더 분석될 수 있다는 것을 의미한다.

3-3. 음의 첨기

1) 말음의 첨기

(77) a. 身ㅌㅌ

　　　　　　　　　　　　　　　　　　　　　　--안동본 3, 7a:13

　　　b. 塵ㅌㅌ

　　　　　　　　　　　　　　　　　　　　　　--안동본 4, 13b:12

c. 便ㅌ=ㅌ

--안동본 4, 11a:11

d. 斷ㅌㄱㅅノㅌ灬

--안동본 4, 6a:6

(77)의 '身, 塵, 便, 斷'은 토가 붙는 한문구의 마지막 구성소이고 각 토의 첫자는 계사가 쓰여야 할 것인데 한문 구성소 말음 'ㄴ(n)'을 첨기 하게 되어 'ㅌ(尼)'가 쓰인 것이다. 이와 같은 한문 구성소의 말음 첨기 는 그 말음이 'ㄴ(n)'일 때만 나타나는 것으로 안동본에서만 볼 수 있는 것이다. 대구본, 송성문본은 물론 후대의 구결에서는 발견하지 못한 것 이다(남풍현, 1990:91).

(78) a. ソアㄱ(ᄒ면)

--안동본 2, 11a:9

b. ソ又ㄱ土ヽ(ᄒ논디)

--안동본 2, 3a:9

c. ソ乙ニ川(홀시)

--대구본 3, 26a:10

d. ソニ灬ㄱ大ヽ(ᄒ시란대)

--안동본 2, 5b:13

e. 已灬ㄱ大㇀(이란대)

--안동본 2, 8b:9

　　(78a)는 '-ㄱ(隱)'이 'ㅜ(面)'의 말음을 첨기한 것으로 음가자 말음 첨기이다. 이러한 토는 송성문본(3, 25a:8)에서도 발견된다. (78b)의 'ゝ又ㄱ土乀(ᄒᆞ논디)'는 '乀(是:이)'가 '土(地)'의 말음을 첨기한 것이다. 대구본에서도 'ノㄱ土ㅐ(혼디)'(4, 54b:11)의 'ㅐ(是:이)'가 이러한 예를 보여주고 있다. (78c)의 'ゝ乙ニㅐ(홀시)'에서 'ㅐ(是:이)'는 'ニ(示)'의 말음을 첨기한 것이다. (78d)의 'ゝニ亠ㄱ大乀(ᄒᆞ시란대)'에서는 '乀(是:이)'가 '大'의 말음을 첨기하였음을 보여준다. (78e)의 '己亠ㄱ大ㅋ(이란대)'에서는 'ㅋ(衣:의)'가 '大'의 말음을 첨기하였다. 이는 'ㅋ(衣)'의 'ᄋᆞ/으'音이 '大' 다음에 축약될 수 있으므로 '-이'음을 첨기한 것과 같은 것으로 볼 수 있다.

2) 음절 두음의 첨기

　　음절 두음의 첨기는 '-ㄱ(隱)(ㄴ)', '乙(ㄹ)', '乚(叱ㅅ)'의 첨기가 발견된다.

가) '-ㄱ(隱:ㄴ)'의 첨기

(79) a. 身入ㄱ　主觸ゝㄱ乚　然觸無自性ノㄱ土　猶如二手乀　冷熱　相涉ゝㆍ
　　兩無定勢ゝ亠大ㄱ　足知其妄也又ㅣ

--안동본 3, 2b:3

b. 身入ㄱ　主觸ゝ乚　然觸無自性ノㄱ土　猶如二手乀　冷熱　相涉ゝㆍ　兩無定勢ゝㆍ大　足知其妄也才乚ㅣ

--송성문본 3, 5b:6~7

c. 身入ᄋᆞᆫ　主觸ᄒᆞ니　然이나　觸이　無自性ᄒᆞ미　猶如二手ㅣ　冷熱이　相涉ᄒᆞ야　兩無定勢ㅅㄷᆞᆺᄒᆞ니　足知其妄也ㅣ로다

    d. 身入운 主觸ᄒ니 그러나 觸이 제 性 업수미 두 소니 촘과 더러움
괘 서르 섯거 둘히 一定勢 업듯ᄒ니 足히 그 妄ᄋᆞᆯ 알리로소다

    15세기 초엽의 자료로 추정되는 송성문본(79b)에 '主觸ンヒ'로 나타나
는 것이 13세기 중엽의 자료로 추정되는 안동본(79a)에는 '主觸ンㄱ ヒ'로
접속어미 '-니'의 두음 'ㄴ'이 첨기되어 나타난다. 후기 중세국어의 언어
사실만을 고려하면 단순한 중철 표기라고 할 수 있겠지만, 3-1에서 살
펴본바와 같이 12세기 중엽의 구인에서는 접속어미 '-니'가 쓰이질 않았
고, 그 기능을 동명사형어미 '-ㄴ'이 대신했었다는 사실을 고려하면, 단
순히 표기상의 문제만은 아니다. 이는 전기 중세국어의 접속 기능을 하
던 일부의 동명사형어미 '-ㄴ'이 후기 중세국어의 접속어미 '-니'로 문법
화되어 가는 과도기적인 모습이 표기에 반영된 것이다. (79a)는 "身入은
主觸하니라 그러나 觸이 제 性 없음이 두 손이 추위와 더러움과 서로
섞어 둘이 一定한 勢가 업듯하니 足히 그 妄을 알리로소다" 정도의 의
미를 갖는다. 이때의 '主觸ンㄱ ヒ'에서 '-ㄱ ヒ(ㄴ니)'의 의미는 단순한
[이유/원인]의 접속어미가 아니고 (79d)의 '主觸ᄒ니 그러나'처럼 선·후
행절이 [逆接]의 관계를 보이는 '그러나' 앞에서 의미 단락을 일단 완결
시키는 것이 자연스럽다.

    그 밖의 예를 더 들면 (80)과 같다.

    (80) a. ンㄱ ヒ(ᄒ니)

b. ㇒ㄱ 刂ㅅ(호니라)

--안동본 3, 4a:4

c. ㇏ㄱ ㄴ(이니)

--안동본 3, 14b:15

d. ㇏ㅅㄱ ㄴ(이어니)

--안동본 3, 5b:9

(80)의 '-ㄱ(隱)'은 모두 'ㄴ(니)'의 두음을 첨기한 것이다. 이 첨기는 안동본에만 나타나는데, 'ㄴ(니)'의 표기에 한하여 나타난다. 앞에서 '-니'의 표기에 '-ㄱ(隱ㄴ)'과 '刂(是이)'의 분할 표기와 '-이'의 생략 표기가 있음을 보아 왔는데, 안동본에선 이 '-니'의 표기에 특별히 동요가 컸음을 보여준다(남풍현, 1990:92).

나) 'ㄹ/ㄹ'의 첨기

(81) a. 乙ㅅ

--안동본 4, 1b:14

b. 乙ㅅㄱ

--안동본 4, 13b:2

다른 본은 물론 후대의 구결에서도 종종 발견되는 것으로 (81a)의 '乙ㅅ'의 '乙'은 구격조사 '-로'의 두음 'ㄹ'을, (81b)의 '乙ㅅㄱ'은 '-란'의 두음 '-ㄹ'을 각각 첨기한 것이다.

대) '匕(叱:시)'의 첨기

(82) a.　去叱ㅅ匕(커시니)

　　　　　　　　　　　　　　　　　　　　　　　--안동본 3, 3b:2

　　b.　ㅅ去叱ㅅ匕(라커시니)

　　　　　　　　　　　　　　　　　　　　　　　--안동본 3, 11b:11

'-거시니'는 일반적으로 '去ㅅ匕'로 표기되는데 (82)의 예들은 '-ㅅ-(시)'의 음절 두음 '叱(ㅅ)이 첨기되어 표기된 것들이다. 이 첨기는 '이'음의 생략 표기인 '去叱匕(커시니)'와 함께 이 형태의 표기에 동요가 있음을 보여주는 것이다. 이 현상 역시 안동본에만 나타나고 대구본, 송성문본엔 나타나지 않는다.13)

3-4. 전용 표기

(83) a. 指月示人去入ㄱ 彼人因指ㅣ3

　　　　　　　　　　　　　　　　　　　　　　　--안동본 2, 4a:5

　　b. 阿難曰 佛言世尊云何逝流口入 深入一門ㅣ3

　　　　　　　　　　　　　　　　　　　　　　　--안동본 4, 15a:13

　　c. 無所不矚去二入ㄱ 衆生ㅣㄱ 洞視ㄱ 不過分寸ㅣ匕ㅅ

　　　　　　　　　　　　　　　　　　　　　　　--안동본 2, 5a:15

---

13) 남풍현(1990:91~92) 참고.

d. 종하 攝伏時昔攀緣 ㅁㄷㅅㄱ 得陀羅尼ヽ3

--안동본 4, 11b:8

‘ㅁ(고)’와 ‘ㅊ(거)’가 혼용되는 경우가 있는데 (83)이 그 예들이다. (83a)의 ‘ㅊㅅㄱ(커든)’에 대하여 (83b)의 ‘ㅁㅅ(코든)’이, (83c)의 ‘ㅊㄷㅅ ㄱ(커시든)’에 대하여 (83d)의 ‘ㅁㄷㅅㄱ(코시든)’이 각각 대응되는 것으로 안동본, 대구본에 종종 나타난다. 이것은 ‘ㅁ’가 ‘거’음의 표기에 전용된 것이 아니라 ‘ㅁ’가 쓰이던 어형이 ‘ㅊ’가 쓰인 어형으로 개신된 것이다. 고려가요의 선어말어미 ‘고 + 시’형이 이를 잘 말해 준다. 따라서 이 두 계열의 토는 신형과 구형의 공존으로 보아야 한다.[14]

이상으로 볼 때 13C 말엽의 자료로 추정되는 구결 자료에서 ‘ㄴ(니)’ 표기는 다음과 같은 네 가지 형태로 나타난다고 할 수 있다.

① 단독 표기 : ‘ㄴ’
② 분철 표기 : ‘-ㄱ + ㅣㅣ’
③ 생략 표기(안동본에만 나타남) : ‘-ㄱ ㅣㅣ’ → ‘-ㄱ’
④ 중철 표기(안동본에만 나타남) : ‘-ㄱ + ㄴ’

①과 같이 ‘-니’가 단독 표기로 나타나는 사실로부터 이것이 이미 단일한 통사 기능을 보이는 어미로 굳어진 것으로 볼 수도 있다. 하지만 ②의 표기가 쓰인다는 점과 ③과 ④의 표기는 ②의 표기를 전제로 하지 않고는 가능하지 않다는 점을 고려하면, 이 시기(13세기?)가 어미 ‘-니’ 가 발달하는 초기 단계였음을 추정할 수 있다.

차자표기법에서 생략의 조건은 다음과 같이 나타낼 수 있다.

---

14) 남풍현(1990:99~100) 참고.

[생략의 조건] : 핵심적인 구결자만 남아 있으면, 보조적인 기능을 하는 구결자나 전후 문맥을 통해서 복원이 가능한 경우에는 흔히 생략이 된다.

차자 표기에서 '-ㄱ(ㄴ)' 표기에서는 주제화 첨사의 '-ㄱ', [조건]의 접속어미의 '-ㄱ', 관형사형어미의 '-ㄱ' 등은 생략이 가능하고, '-ㅌ(ㄱ + ㅣㅣ)'의 경우에는 '-ㅣㅣ(이)'만이 생략되는데, 이것은 '-ㄱ + ㅣㅣ'에서 핵심 요소가 '-ㄱ(ㄴ)'에 있다는 것을 뜻한다. 또한 이것은 앞서 논의한 12세기의 구역인왕경 구결 자료에서 '-ㄱ(ㄴ)'만으로도 접속어미 기능을 대신할 수 있다는 사실과도 부합된다.

안동본(13세기 중엽의 자료로 추정)의 경우에 'ㅌ'의 표기가 후대본인 기림사본이나 송성문본에 비해 극심한 혼란을 보여주고 있다.15) 선어말어미 'ㅌ(니)'의 경우를 그 예로 보인다.

① 분철 표기 : ✓ㄱ ㅣㅣㅅ(ㅎ + ㄴ + 이 + 라) : 구인과 화엄의 석독 구결에서도 보임.
② 중철 표기 : ノㄱ ㅌㅅ(ㅎ + 오 + ㄴ + 니 + 라) ―안동본 3, 4a, 4
③ 연철(단독) 표기 : ✓ㅌㅅ(ㅎ + 니 + 라)

(84)의 'ㅌ'를 대상으로 선어말 위치에 나타나는 'ㅌ'를 'ㅌ1(명사구)', 'ㅌ2(선어말어미)'로, 어말 위치에 나타나는 'ㅌ'를 'ㅌ3(접속어미)'로 구별하여 비교하면, 'ㅌ1'과 'ㅌ2'는 모두 '-ㄱ + ㅣㅣ'로 분석되지만, 'ㅌ1'이 'ㅌ2'에 비해 명사의 특성을 확실히 보여주고, 'ㅌ3'은 'ㄱ + ㅣㅣ'로의 분석 가능성이 희박하다.

---

15) 기림사본이나 송성문본에도 분철 표기는 나타난다.

(84) a. 'ノヒ1 ヒ2ᄉ' : '~한 것이(ヒ1)니(ヒ2)라'
　　 b. 'ノ ヒ2ᄉ'　 : '~한 것이(ヒ2)라'
　　 c. 'ノ ヒ1 ヒ3' : '~한 것이(ヒ1)니(ヒ3)'

명사성 유지 정도에 따라 '-니'를 나누면 다음과 같다.

명사구 구성의 'ヒ1' > 선어말어미의 'ヒ2' > 어말어미 'ヒ3'[16]

'첨기 표기'의 주된 목적은 '명확한 의미 전달'에 있지만, 구체적으로 는 다음과 같은 두 가지의 목적을 갖는다.

① 간접 문자적인 속성 ㉠ 선행 요소를 석독해서 읽으라는 표시
　　　　　　　　　　　예) 無ヒ3ᄼ(업ᄉ며)
　　　　　　　　㉡ 선행 요소를 음독해서 읽으라는 표시
　　　　　　　　　　　예) 身ヒヒ(身이니)

② 중철 표기적인 속성 ㉠ 음절 두음을 표시
　　　　　　　　　　　예) ノㄱ ヒᄉ('ヒ'의 어두음을 표시)
　　　　　　　　㉡ 분철 표기가 가능함을 암시
　　　　　　　　　　　예) ノㄱ ヒᄉ → ノㄱ ﾘᄉ

'생략 표기'를 하는 목적은 '경제성의 효과'를 얻는 데 있으며, 구체적 으로는 다음과 같은 두 가지의 의미를 갖는다.

---

16) 어말어미 '-ヒ'는 종결어미 '-ヒ'와 접속어미 '-ヒ'로 다시 나눌 수 있는데, 명 사성 유지 정도를 기준으로 구분하면 다음과 같다.

　　종결어미 '-ヒ' > 접속어미 '-니'

① 생략되는 요소가 토구조체의 중심이 되는 차자가 아니라는 것
을 의미(남풍현, 1990:89). → 핵심적 요소가 아니고 주변적인 요소이다.
따라서 중심이 되는 요소만 남아 있으면, 문맥에 따라서 쉽게 복원이
가능하다.

② 더 이상 분석이 가능한 경우에 그 핵심 요소는 남고 주변 요소
는 생략이 가능하다. ノㄱㅅ(안동본 능엄경3, 8b, 3)는 다음과 같이 3단
계의 표기 변화를 겪는 과정 중 2단계의 중철 표기에서 'ㅌ'가 생략된
것으로 볼 수도 있고, 1단계의 분철 표기에서 'ㅣㅣ'가 생략된 것으로
볼 수 도 있다. 중요한 것은 이와 같은 표기(ㅌ)가 더 분석이 될 수
있다는 전제에서 가능하다는 점이다.

ノㄱㅣㅣㅅ　　⇒　　ノㄱㅌㅅ　　⇒　　ノㅌㅅ
(분철 표기)　　　　(중철 표기)　　　　(연철 표기)
1단계　　　　　　2단계　　　　　　3단계

통사론적 구성의 단계　　⇒　　형태론적 구성의 단계

위의 단계적 변화는 한 문헌에 공존한다면 문제가 있지만, 이는 통사
론적 구성체에서 형태론적 구성체로 변화해 가는 과정에서 생각해 본
것이다. 표기법상으로도 분철 표기는 언중들의 문법의식의 한 반영이라
는 해석도 있다. 하나의 형태 'ㅌ'에 대해 이렇게 다양한 표기가 가능하
다는 것은 이 형태가 단일한 하나의 형태소가 아니라는 사실을 반영한
다고 할 수도 있다. 이러한 표기상의 다양성이 여말선초의 능엄경의 네
가지 이본 중 시기상으로 뒤지는 기림사본이나 송성문본보다는 시기상

으로 앞서는 안동본과 대구본에서 빈번하게 나타난다는 사실은 어미 '-
니'의 기원에 대한 암시를 주는 것이다.

제4장

어미 '-니'의 의미

2장에서 논의한 바와 같이 후기 중세국어의 어미 '-니'는 접속어미와 종결어미로 쓰이고 선어말어미 '-니-'에서도 재분석된다. 종결에 쓰이는 '-니'는 명사문 종결어미로 [서술]이나 [의문]의 서법을 부차적으로 수행할 뿐이며, 선어말어미에서 재분석되는 '-니'는 [확인]이라는 단일한 기능을 하는 데 비해 접속어미로 쓰이는 '-니'는 접속어미 중에 가장 많이 쓰이고, 의미 기능도 한두 가지로 한정시켜 논의할 수 없을 정도로 다양하다. 어미 '-니'의 주요 기능은 접속어미에 있다고 할 수 있기 때문에 이 章에서는 접속어미를 중심으로 의미 기능을 논의한다.

지금까지 후기 중세국어의 접속어미 '-니'에 대한 정밀한 연구는 이루어지지 않았다. 허웅(1975), 이숭녕(1981), 고영근(1987), 안병희·이광호(1992) 등에서는 의미에 대한 표면적인 분류에 그쳤고, 김송원(1988)에서는 접속어미의 형태와 통사적인 특징만을 논의하였으며 리의도(1990)에서도 접속어미 전체의 역사적인 변화 양상에 초점을 맞추었기 때문에 의미에 대한 깊이 있는 논의가 되지 못했다. 이현희(1992:62~66)에서는 접속어미 '-니'의 의미를 두 가지의 기본 의미로 정리하여 다루었다. 그러나 이 논의는 후기 중세국어 구문의 검토에 앞서서 기본적인 논의를 하는 과정에서 다룬 것이기 때문에 '-니'에 대한 본격적인 연구는 아니다.

본 연구에서는 접속어미 '-니'의 의미 분석을 위해서 우선 '-니'가 보여주는 관계 의미를 검토한 다음 이를 토대로 기본 의미를 추출해내기로 한다. 그리고 이러한 의미가 구체화되는 과정에서 여러 가지 통사적인 제약을 받게 되기 때문에 접속어미 '-니'가 가지는 통사적 제약도 아울러 살핀다.

1. 접속어미 '-니'의 의미

1-1. 관계 의미에 따른 '-니'의 분류

지금까지의 '접속'에 대한 논의는 '접속문'에 대한 것과 '접속어미'에 대한 것으로 나누어 볼 수 있다. 의미에 대한 논의도 이에 따라 접속문의 의미에 대한 것과 접속어미의 의미에 대한 것으로 나눌 수 있다. 그리고 종종 접속어미의 의미를 논의하면서 접속문의 관계 의미만을 거론하고 마는 경우가 있어, 비판받기도 하였다. 이와는 달리 일부의 논의에서는 접속어미의 선·후행절의 문맥 의미에서 파생되는 관계 의미가 아닌 어미 자체의 기본 의미를 규명하려는 노력들이 있어 왔다.[1] 이를 위하여 종래에는 더 이상 분석할 수 없는 것으로 여겨졌던 어미들에 대해서도 '통합형어미'라는 용어로 묶어 분석을 시도한 결과 상당한 성과를 거두고 있다. 본 연구도 대부분 그러한 선행 연구에 의지하고 있다. 그러나 필자는 이러한 연구에 바탕을 두되, 선·후행절의 관계 의미도 참

---

1) 임홍빈(1975), 서태룡(1987) 등의 논의가 그 대표적인 업적이다.

작하여 어미 '-니'를 'ㄴ + 이'로 분석한 2장에서의 논의를 뒷받침한다.

이 절에서는 기본 의미가 아니더라도 접속어미 '-니'가 어떠한 관계 의미를 접속시킬 수 있는가를 살펴보려고 한다. 아무리 관계 의미가 접속어미의 기본 의미와 필연적인 관계를 갖는 것이 아닐지라도 그들 의미간에 개연적인 관련성이 있다고 여겨지기 때문이다. 이를 위하여 일부의 관계 의미는 '-니'에 후행하는 접속부사가 보여주는 논리적 관계를 통하여 살펴보고, 일부의 관계 의미는 문맥을 통하여 살핀다.

'-니'에 후행하는 접속부사가 보여주는 논리적 관계 의미를 통하여 파악할 수 있는 것은 [이유/원인], [조건], [대립] 등의 의미들이고, 문맥을 통하여 파악할 수 있는 것은 [상황], [설명의 계속], [이유/원인], [조건], [대립], [양보], [발견/경험], [나열], [비교] 등의 의미들이다.

먼저 '-니'에 후행하는 접속부사를 통하여 파악할 수 있는 의미들을 살피고, 이어서 문맥을 통하여 파악할 수 있는 의미들을 살핀다.

1) 접속부사에 의해 파악되는 관계 의미

후기 중세국어와 현대국어의 접속부사의 분포 및 기능은 차이가 있다. 분포면에서 현대국어의 접속부사는 종결된 문장과 종결된 문장 사이에 쓰이어 이들을 연결시켜 주면서 관계 의미도 함께 보여주는 기능을 하는데, 이때의 접속부사는 후행절의 일부분으로 볼 수도 있지만, 대부분의 경우에는 선·후행 문장 사이에 쓰이어 이들을 논리적으로 연결시켜 주는 기능만을 한다. 이에 비해 후기 중세국어의 접속부사는 종결된 문장의 뒤에도 쓰이지만 접속문의 선행절의 뒤에 쓰이는 것도 많이 나타난다. 그 기능도 접속부사 자체가 접속문의 후행절을 이루는 경우와 후행절의 일부분을 이루는 경우 그리고 그 의미가 선행하는 접속어미와 중복되어 잉여적인 것이 되고 마는 경우 등 차이가 존재한다.

접속어미 '-니'에 후행하는 접속부사는 [이유/원인]의 '이(그)럴씨'와 '이(그)런드로', [조건]의 '그러면', [대립]의 '그러나' 등으로 후기 중세국어에 존재하는 대부분의 접속부사가 나타날 수 있다.[2]

개 [이유/원인]

ㄱ) '-니 + 그(이)럴씨'

다음 (1)에서 '그(이)럴씨'라는 접속부사의 의미를 생각하면 선·후행절의 관계 의미는 [이유/원인]이라 분석된다.

> (1) a. 이 實相을 알면 스뭇 몰롫디 업스니 <u>그럴씨</u> 몬오 衆이 니르샤물 듣줍고 根을 조차 各各 證ᄒᆞ시니라
>
> --월석 17:28b

> b. 다 ᄒᆞ마 일우다 호ᄆᆞᆫ ᄒᆞ마 큰 ᄠᅳᆮ 일우몰 <u>니르니 그럴씨</u> 大法을 니르쇼셔 請ᄒᆞ니라
>
> --월석 14:42b

접속어미 '-니' 자체가 [이유/원인]의 의미 기능을 수행한다고 보면 (1a)는 "(모든 대중이) 이 실상을 알면 사뭇 알지 못할 것이 없으니까

---

2) 부사를 크게 수식의 대상에 따라 단어부사와 문장부사로 나눌 수 있다. 본 연구에서는 문장부사 중 선·후행 문장을 논리적으로 연결시켜 주며 이들 문장 간의 관계 의미를 나타내 주는 일련의 부사만을 한정해서 다루기로 한다. '쏘' 같은 것은 흔히 접속부사로 다루지만 본 연구에서는 이 '쏘'가 [반복]이나 [첨가]의 의미를 갖지만, 선·후행절의 관계 의미를 나타내 주지는 못하고 후행절에 종속되어 문두부사의 기능만을 하는 것으로 보기 때문에 논의에서 제외한다.

모든 대중은 (부처님의) 말씀을 듣고 (부처님은) 근본을 조차 각각에 맞게 증명하시는 것이다" 정도의 의미가 있어서 의미상 접속부사 '그럴씨'는 잉여적인 것이 되고 만다. 그러나 접속어미 '-니'가 그러한 구체적인 의미 기능을 하지 못하고 접속부사 '그럴씨'에 의해 선·후행절의 관계 의미가 [이유/원인]으로 구체화되는 것으로 볼 수 있기 때문에 (1a)는 "(모든 대중이) 이 실상을 알면 사뭇 알지 못할 것이 없다. 그렇기 때문에 모든 대중은 (부처님의) 말씀을 듣고 (부처님은) 근본을 조차 각각에 맞게 증명하시는 것이다" 정도의 의미가 있다고 할 수 있다. 다음에 살펴볼 접속어미 '-니'의 기본 의미([전제])는 명사문 종결의 '-니'의 기능과 상통하고 종결어미 '-라'와도 그 기능이 일부 중복된다.

(2) a. 本末이 둘 아닌 門올 자바 니ᄅ건댄 다 혼 本識中에 <u>잇ᄂ니 그럴씨</u> 닐오더 이 識이 두 ᄠ디 잇다 ᄒ니라

--월석 11:68a

  b. 一生온 곧 等覺애 걷내뛰여 드르샤 妙覺 가지샤미 ᄒ낫 스싀니 <u>그럴씨</u> 니ᄅ샤더 나ᄆ니 一生이 이셔 반ᄃ기 一切 智를 일우리라

--월석 17:28a

  c. ᄒ다가 이 病을 여희면 實로 衆生이 滅度 得ᄒ니 업슨돌 <u>알리니 의럴씨</u> 닐오더 妄心 업슨 고디 곧 菩提오 生死와 涅槃이 本來 平等타ᄒ니 엇데 滅度ㅣ 이시리오

--금강 20a

(2)는 '<u>선행절-니 그럴씨 니로더</u> 후행절'의 구성을 갖는 것들로서 (2a)는 "本末이 둘 아닌 門을 잡아 이르건대 다 한 本識 중에 있기 때문에 이 識이 두 뜻이 있다고 하는 것이다" 정도의 뜻이 있어 '그럴씨

니로디'는 생략을 해도 의미 파악에는 지장이 없는 경우이다. 그러나 다음의 (3)은 (2)와 같이 '그럴씬'에 '말하다'류의 동사가 후행하지만, 이를 생략하면 의미 파악에 어려움이 있는 경우이다.

(3) a. (如來ㅣ) 法界롤 비취여 볼기샤몰 表ᄒ시니 이 다 法力行境을 나토아 뵈시니 그럴씬 諸佛이 讚歎ᄒ야 니르샤디 이 眞精進이며 眞法供養이라 ᄒ시니라

                                                               --월석 18:32a

b. 後에 行境 뵈샤몬 解ᄆ차 行애 가과뎌 ᄒ시니 그럴씬 이에 굴히시니라 닐온 行境은 ᄂ외야 ᄇ리며 나토미 업스며

                                                               --월석 18:14a

c. 부톄 法을 주샤 일홈지ᄒ샤몰 請ᄒᄉ와 後人으로 브터 受持케 ᄒ니 이럴씬 經에 니르샤디 부톄 須菩提ᄃ려 니르샤디 이 經이 일후미 金剛般若波羅密이니…

                                                           --금강 서:7a

(3a)는 "(如來가) 法界를 비취어 밝게 하심을 나타낸 것인데 이것이 다 法力行境을 나타내어 보이시니까 諸佛이 讚歎하여 이르시되 이것이 眞精進이며 眞法供養이라 하는 것이다" 정도의 의미가 있어 '-니'에 후행하는 節은 '諸佛이 讚歎ᄒ야 니르샤디'가 된다고 해야 한다.[3]

---

3) 필자가 조사한 자료는 '석보상절, 월인천강지곡, 월인석보, 능엄경언해, 선종영가집언해, 금강경언해, 아미타경언해, 몽산법어약록언해, 내훈, 관음경언해, 정속언해' 등이다.
참고로 '이(그)럴씬'에 선행하는 어말어미는 총 143개로 그 분포를 보이면 다음과 같다.

ㄴ) '-니 + 이(그)런ᄃ로'

접속어미 '-니'에 접속부사 '이(그)런ᄃ로'가 후행하여 선·후행절의 관계 의미가 [이유/원인]을 나타내는 경우가 있다. 그러나 이 경우도 ㄱ)과 마찬가지로 [이유/원인]이 '-니' 자체의 의미가 아니고 접속부사에 의해 구체화된 것으로 본다. 다음이 그 예들이다.

(4) a. 南北이 처섬 밧고디 아니ᄒ면 性分이 本來 갓ㄱ로미 <u>업스니 이런ᄃ로</u> 닐오디 迷惑이 本來 根源 업스며 아로미 迷惑 낧 거시 아니라

--능엄 4:35a

   b. 내 靈혼 覺과로 제 서르 븥디 아니호몰 다 드러 <u>니르시니 이런ᄃ로</u> 前塵ᄋ 크며 젹거니와 보ᄆ 펴며 움추미 업스니라

--능엄 2:41b

   c. 獄報ᄂᆫ 情業이오 鬼報ᄂᆫ <u>想業이니 이런ᄃ로</u> 鬼業이 다ᄋ면 두 報ㅣ 다 空ᄒ고 다시 진 業을 갑ᄂ니라

--楞 8:119a

   d. 輪廻ᄅᆯ 受ᄒ야 生死中에 ᄫᅡᆼ네 ᄠᅳ며 뻐듀믈 닙ᄂ둘 <u>아롫디니 이런ᄃ로</u> 如來ㅣ 일후믈 어엿브다 ᄒᄂ니라

--능엄 2:31a

----

① 종결어미 : 총 39개
  [서술] : '-다/라'(30개)
  [의문] : '-리오'(6개), '-리여'(2개), '-ㅣ ᄯᅡ녀'(1개)
② 접속어미 : 총 101개
  '-니' : 88개
  '-아' : 6개
  '-ㄹ씨' : 7개

그런데 ㄱ)의 '이(그)럴씨'와 ㄴ)의 '이(그)런드로'가 똑같은 관계 의미를 연결시켜 주지는 않는다. 즉 '이(그)럴씨'와 '이(그)런드로'에 모두 통합형 접속어미 '-ㄹ씨'가 나타나지만 출현의 빈도면에서 '이(그)런드로'에 선행하는 것이 '이(그)럴씨'에 선행하는 것보다 많다. 물론 통합형 접속어미 '-ㄹ씨'와 '이(그)럴씨'는 '-ㄹ씨'를 공유한다는 점에서 이러한 분포의 차이는 당연하다 하겠지만, 접속부사 '이(그)럴씨'와 '이(그)런드로'만 비교하면 그것이 연결시켜 주는 논리적 관계 의미는 다르다고 해야 할 것이다. 결국 (1~4)에 쓰인 '-니'는 이에 후행하는 '인과 관계'를 뜻하는 접속부사 '이런드로'나 '그럴씨'에 의해 그 의미를 보강해 주고 있음을 알 수 있다. 이와 같은 구성에서 선·후행절의 관계 의미가 '인과 관계'를 나타내게 되면, 이러한 접속부사의 도움 없이 '-니'만으로도 [이유/원인]의 의미 기능을 수행하게 된다.4)

나) [조건]

어미 '-니'에 의해 접속되는 선·후행절의 사이에 접속부사 '그러면'이 쓰이어 관계 의미가 [조건]임을 나타내 주는 경우가 있는데, 다음이 그 예들이다.

---

4) 필자가 조사한 자료 중에서 '이(그)런드로'에 선행하는 어말어미는 총 623개로 그 분포는 다음과 같다.

    ① 종결어미 : 총 86개
       [서술] : '-라'(44개), '-다'(22개)
       [의문] : '-리오(료)'(19개), '-가'(1개)
    ② 접속어미 : 총 537개
       '-ㄹ씨' : 398개
       '-니' : 124개
       '-아어' : 13개

(5) a. ᄊ롤 쥐 곧ᄒ니롤 나하도 오히려 범 곧홀가 저타ᄒ니 그러면 몸 닷
   고미 恭敬만 ᄒ니 업고

--내훈 2:7b

b. 能히 한 슶가라굴 브리고 나는 브리욿 배 <u>업스니 그러면</u> 두 봃ᄒ
   我 執 法執이 根本올 表ᄒ니라

--월석 18:43a

c. 그 神變과 그 莊嚴이 다 如來ㅅ 德을 비슥볋며 다 如實道애 <u>나니</u>
   <u>그러면</u> 一切法에 如티 아니훈 디 업스니 엇뎨 勝劣의 달오미 이시
   리오

--월석 18:72b

d. 그저긔 優婆吉이 ᄯ 닐오디 드토면 모로매 계우리 <u>잇ᄂ니 그러면</u>
   如來ㅅ 舍利 므스기 利益 드외시리잇고 ᄒ고

--석보 23:55b

(6) a. 우흿 볼기샨 因緣和合 아닌게 브트면 空性이 두려워 周徧ᄒ야 生滅
   法이 아닌들 <u>알리니 一大 ᄒ마 그러면</u> 다룬 大 다 그러홀씩 이런두
   로 通히 地水火風을 니루시니라

--능엄 3:91a

b. 如來藏體ㅣ 業을 조차 發現홀 <u>ᄯ르미니 七大 ᄒ마 그러면</u> 萬法이
   다 그러ᄒ야 믈읫 나이 依와 正괘 몬져 根身이 아니며

--능엄 3:63b

(5a)는 "쥐 닮은 딸을 낳아도 오히려 범 닮을가 두려워하면 修身하는
것이 恭敬만한 것이 없고… " 정도의 의미가 있는 것으로 볼 수도 있고,

"쥐 닮은 딸을 낳아도 오히려 범 닮을가 두려워하는데, 그렇게 하면(두려워하면) 修身하는 것이 恭敬만한 것이 없고… " 정도의 의미가 있는 것으로 볼 수도 있다. 즉 '-니'에 [조건]의 의미를 부여하여 접속부사 '그러면'의 의미를 잉여적인 것으로 볼 수도 있고, 접속어미 '-니'의 의미를 가벼운 [근거]로 보고 접속부사 '그러면'에 의해 관계 의미가 구체화되는 것으로 볼 수도 있다. 그러나 하나의 접속어미 '-니'가 전혀 이질적인 관계 의미인 [이유/원인]과 다음에 살펴볼 [대립]의 의미를 동시에 가질 수 없다는 점에서 필자는 [조건]의 의미도 '-니' 자체의 것으로는 보지 않는다. (6)은 접속어미 '-니'와 접속부사 '그러면' 사이에 '一大흣마' 등 양상을 나타내는 부사가 개입된 것들로 '-니'에 후행하는 접속부사 '그러면' 자체가 후행절을 이룬다고 볼 수 있는 예문이다.[5]

다) [대립]

접속어미 '-니'에 의해 접속되는 선·후행절의 사이에 접속부사 '그러나'가 쓰이어 관계 의미가 [대립]이라는 것을 나타내는 경우가 있다. 다음이 그 예들이다.[6]

---

5) 참고로 필자가 조사한 자료 중에서 '그러면'에 선행하는 어말어미는 총 31개로 그 분포는 다음과 같다.

    ① 종결어미 : 10개
      [서술] : '-라'(9개)
      [의문] : '-오'(1개)
    ② 접속어미 : 21개
      '-니' : 16개
      '-디' : 5개
6) 필자가 조사한 자료 중에서 '그러나'에 선행하는 어말어미는 총 121개로 그 분포는 다음과 같다. 그런데 다른 접속부사와는 달리

(7) a. 想體輕學혼 젼ᄎ로 純ᄒ면 곧 ᄂᆞ라오ᄅᆞᄂᆞ니 그러나 이ᄂᆞᆫ 오직 純히
     善혼 젼ᄎ로 하ᄂᆞᆯ해 날만커니와

                                                      --능엄 8:73a

    b. 우ᄒᆞ론 天地ㅅ 德과 祖宗ㅅ 恩惠ᄅᆞᆯ 感動ᄒᆞ노니 그러나 ᄯᅩ 그듸의
     안ᄒᆞ로 도온 功이라 后ㅣ 술오샤ᄃᆡ

                                                      --내훈 2:98a

    c. 身入ᄋᆞᆫ 觸애 主ᄒᆞ니 그러나 觸이 제 性 업수미 두 소니 촘과 더 움
     괘 서르 섯거 둘히 一定혼 勢 업듯ᄒᆞ니 足히 그 ᄒ홀 알리로다

                                                      --능엄 3:12a

    d. 識性을 뮈우디 아니ᄒ고 ᄯᅩ ᄀᆞ장 업게 ᄒᆞ니 그러나 識을브터 업게
     홀씨 乃終 내 진딧 업수미 아니니 잇ᄂᆞᆫ 듯ᄒᆞᄃᆡ 잇디 아니호미 스쵸
     미 아니오…

                                                      --월석 1:36a

<hr>

이에 선행하는 접속어미는 6가지로 다양하게 나타나고 있는데, [대
립]의 관계 의미는 표현의 매듭 기능과도 밀접한 관련이 있다.

  ① 종결어미 : 49개
    [서술] : -라(41개), -다(4개)
    [의문] : -뇨(2개), -오(1개), -고(1개),
  ② 접속어미 : 72개
    '-니' : 46개('-니' : 39개, '-니와' : 7개)
    '-마론' : 13개
    '-나' : 10개
    '-댄' : 1개
    '-아도' : 1개
    '-디' : 1개

접속부사에 의해 파악되는 관계 의미는 다음과 같다.

① [이유/원인] : '-니 + 이(그)럴씨'
                '-니' + '이(그)런드로'
② [조건] : '-니 + 그러면'
③ [대립] : '-니 + 그러나'

접속어미에 의해 접속되는 선·후행절의 사이에 쓰이는 접속부사 전체의 분포를 표로 보이면 표1)과 같다.

표 1)

	그(이)럴씨	그(이)런드로	그(이)러면	그러나
-니	○	○	○	○
-고	×	×	×	×
-며	×	×	×	×
-아	○	○	×	×
-ㄹ씨	○	○	×	×
-나	×	×	×	○
-디	×	×	○	×
-댄	×	×	×	○
-아도	×	×	×	○
-마론	×	×	×	○

2) 문맥에 의해 파악되는 관계 의미

허웅(1975:522~3)에서는 15세기 국어의 접속어미 '-니'가 [원인], [이유], [조건], [상황], [설명의 계속] 등의 의미를 나타낸다고 하였으나 例만 제시하는 것으로 그쳤다. 여기에서 제시된 예문들을 중심으로 문맥에 의해 파악되는 관계 의미를 검토한다.

가) [상황]

(8) a. 舍利弗이 흔 獅子ㅣ롤 <u>지서내니</u> 그 쇼롤 자바 <u>머그니</u> 모다 닐오디

--석보 6:32

b. 如來롤 念ᄒᆞ야 一日一夜롤 <u>디내니</u> 忽然히 <u>보니</u> 제 모미 흔 바룻가
ᅀᅢ <u>다ᄃᆞ르니</u> 그 므리 솟글코

--월석 21:23

(8a)는 "사리불이 한 사자를 만들어 내니까 (그 사자가) 그 소를 잡
아 먹었는데 모두 말하기를 사리불이 이겼다" 정도의 의미를 가지고 있
어 첫째의 '-니'는 [상황]을, 둘째의 '-니'는 [발견]의 의미를 보인다.
(8b)는 "如來를 생각하여 하루 낮 하루 밤을 지냈는데, 홀연히 보니까
자기 몸이 한 바닷가에 다다랐는데, 그 물(바닷물)이 솟구치면서 끓고"
정도의 의미를 가지고 있어[7] 첫째의 '-니'와 셋째의 '-니'는 [상황]의 의
미를 둘째의 '-니'는 [발견/경험]의 의미를 각각 나타낸다.

나) [설명의 계속]

(9) a. 四大弟子ᄂᆞᆫ 네 큰 <u>弟子ㅣ니</u> 摩訶迦葉과 大目犍連과 舍利弗와 摩訶
迦梅延괘라

--월석 7:51b

---

7) (8a,b)의 현대어 번역은 이현희(1992:62~63) 참고.

b. 大乘經을 니르시니 일후미 <u>無量義</u>니 菩薩 ㄱㄹ치시논 法이라

--석보 13:31a

c. 婢 ᄒᆞᆫ 아ᄃᆞᆯ 롤 <u>나ᄒᆞ니</u> 사ᄋᆞᆯ 몯 ᄎᆞ셔 말ᄒᆞ며

--월석 21:55

(9a)는 "四大弟子는 네 큰 弟子를 말하는데 摩訶迦葉과 大目犍連과 舍利弗과 摩訶迦栴延이다" 정도의 의미가 있어 이때의 '-니'는 [설명의 계속]이라는 의미를 갖는다. (9b)는 '大乘經을 이르시니까 이름이 無量 義라 하는데, 그것은 菩薩을 가르치는 法이다' 정도의 의미를 갖고 있어 이때의 밑줄친 '-니'도 [설명의 계속]의 의미를 갖는다. (9c)는 "노비가 한 아들을 낳았는데 (그 아들이) 사흘이 지나지 않아 말하며" 정도의 의미가 있어, 이때의 '-니' 역시 [설명의 계속]의 의미를 갖는다.

다) 가벼운 [근거][8]

여기에서 뜻하는 가벼운 [근거]라는 것은 막연한 [전제]의 의미에서 [이유/원인]의 의미로 구체화되는 과정에서 드러나는 의미 기능으로 볼 수 있다. 다음이 그 예이다.

(10) a. <u>民瘼</u>올 모ᄅᆞ시면 하ᄂᆞᆯ히 <u>ᄇᆞ리시ᄂᆞ니</u> 이 ᄡᅳᆮ을 닛디 마ᄅᆞ쇼셔

--용비 :116

b. 大德하 사ᄅᆞ미 다 모다 <u>잇ᄂᆞ니</u> 오쇼셔

--석상 6:29

---

8) 이현희(1994:64~65)에서 참고.

c. 네 ᄒᆞ마 (釋伽롤) <u>맛나ᅀᆞᄫᅵ니</u> 前生ㄱ 罪業을 어루 버스리라

--월석 2:62b

(10a)의 경우 '이 ᄠᅳ들 닛디 마ᄅᆞ샤ᅀᅡ'할 근거를 '民瘼ᄋᆞᆯ 모ᄅᆞ시면 하ᄂᆞᆯ히 ᄇᆞ리시ᄂᆞ이다'하는 일에서 구하고 있으며, (10b)의 '大德이 오샤ᅀᅡ' 할 근거를 '사ᄅᆞ미 다 모다 잇ᄂᆞ이다' 하는 일에서 구하고 있고, (10c)의 경우 '前生ㄱ 罪業을 어루 버슬 일'의 근거를 '네 ᄒᆞ마 (釋伽롤) 맛ᄂᆞᅀᆞᄫᅵ니라' 하는 일에서 구하고 있다.

라) [이유/원인]

(11) a. 이 藥이 色味香미ᄒᆞᆫ둘 아라 즉재 아ᅀᅡ <u>머그니</u> 毒病이 다 됴커늘
     그 ᄃᆞ리 다 ᄒᆞ마 됴타 듣고 곧 도라와

--월석 17:21b

b. ᄆᆞᅀᆞᆷ 일티 아니ᄒᆞ니ᄂᆞᆫ 이 良藥익 色香이 다 됴ᄒᆞᆫ둘 보고 곧 (이
     良藥ᄋᆞᆯ) <u>머그니</u> 病이 다 됴코

--월석 17:19b

(11a)는 "이 藥이 색깔과 맛이 향기로운 것을 알아서 즉시 빼앗아 먹으니 毒病이 다 좋아지거늘… " 정도의 의미를 갖는 것으로 '毒病이 좋아지게 되는 [결과]가 있게 된 [이유]가 '(그 藥을) 빼앗아 먹은 것'이 된다. 이때 [이유]의 의미는 '[전제] → 가벼운 [근거] → 필연적인 [근거] → [이유/원인]'의 파생 과정을 거치게 된다.

마) [조건]

앞서 논의했듯이 접속어미 '-니'가 독자적으로 [조건]의 의미 기능을
수행하지는 못하고 '-니'에 의해 접속되는 선·후행절의 사이에 접속부사
'그러면'이 쓰이어 관계 의미가 [조건]임을 강화해 주는 경우가 있을 뿐
이다.

바) [양보]

(12) a. 王이 니ᄅ샤ᄃᆡ 네 아ᄃ리 孝道ᄒ고 허믈 <u>업스니</u> 어드리 내티료

　　　　　　　　　　　　　　　　　　　　　　　　--월석 2:6a

　　 b. 艱難ᄒᆫ 저긘 治體ㅣ 便安히 호미 <u>貴ᄒ니</u> 어즈러우믈 우리 敢히
　　　　取ᄒ리아

　　　　　　　　　　　　　　　　　　　　　　　　--두초 8:4

　　 c. 識이 ᄒ마 드로몰 <u>니버니</u> 뉘 識 드로몰 알리오

　　　　　　　　　　　　　　　　　　　　　　　　--능엄 3:41

　　 d. 比丘ᄃᆞᆯ히 제 <u>기르려니</u> 지븨 두고 가리라

　　　　　　　　　　　　　　　　　　　　　　　　--월석 7:9

　　 e. 蛟龍이 半만 이즌 거시 <u>몃ᄂᆞ니</u> 오히려 것근 黃金을 어드리로다

　　　　　　　　　　　　　　　　　　　　　　　　--두초 16:60a

(12a)는 "王이 이르시되 너의 아들이 모두 孝道하고 허믈이 없는데도,
어떻게 내칠 수 있겠는가?" 정도의 의미가 있어, 이때의 '-니'가 [양보]
의 의미를 갖는다. (12b)는 "가난한 때 治體가 便安히 함이 貴함에도 불

구하고 우리가 敢히 어지러움을 取하겠는가" 정도의 의미가 있고, (12c)
는 "識이 이미 들어옴을 입었는데도 누가 識이 들어옴을 알겠는가" 정
도의 의미가 있고, (12d)는 "比丘들이 그를 기르려는데도 집에 두고 가
겠는가?" 정도의 의미가 있어, 이때의 '-니'도 [양보]의 의미를 갖는다.
이때(12c, d)의 '-니'는 '-거-' 계통의 선어말어미가 결합되고, 후행절이
대부분 수사의문문이라는 공통성을 가지면서 [양보]라는 의미를 구체적
으로 드러내게 된다. (12d)의 경우에는 후행절이 서술문으로 되어 있는
데, 이 문장도 수사의문문의 언표내적(illocutionary) 효력을 갖는다고 할
수 있다.9) (12e)의 경우는 후행절의 부사 '오히려'가 쓰였기 때문에 이
문장의 의미 관계가 [양보]임을 분명히 알 수 있다.

새) [대립]

'-니'가 [대립]의 의미를 분명히 보이는 경우도 있다. 다음 (13)이 그
예이다.

> (13) 네 아비 목수미 다아 <u>잇더니</u> 네 하 情誠일씨 그무메 가 주그리라
>
> --삼강 효자:21

(13)은 "네 아버지의 목숨이 다 되었으나 네가 하도 情誠이 지극하기
에(네 아버지의 죽음이 연기되어) 그믐에 가 죽으리라" 정도의 의미가 있
어, 선·후행절이 [대립]의 의미 관계에 있다.

[양보]나 [대립]의 의미는 [전제]의 의미에서 분화되는 것으로 볼 수
있는데, 그 근거는 앞에서도 언급했듯이 [대립]의 접속부사 '그러나'에
선행하는 접속어미가 '-니'(39개), '-니와'(7개), '-마론'(13개), '-나'(10개),

---

9) 이현희(1994:65～66) 참고.

'-댄'(1개), '-아도'(1개), '-디'(1개) 등으로 가장 다양하게 나타난다는 사실에서 확인할 수 있다. 이때 '그러나'에 선행하는 접속어미가 '-나'보다도 '-니' 같은 [전제]의 의미 기능을 갖는 것이 압도적으로 많다는 사실은 [전제]의 의미에서 [양보]나 [대립]의 의미 기능이 파생될 가능성을 암시한다. 곧 접속어미 '-니' 자체는 [양보]나 [대립]의 의미를 갖지는 못하지만, '그러나'가 후행하여 [전제]의 의미에 [양보]나 [대립]의 의미를 첨가시켜 준다고 할 수 있다. 이러한 환경에서 쓰이던 '-니'가 선·후행절의 서술 내용 자체가 [양보]나 [대립]의 관계 의미를 형성할 때도 그대로 쓰이게 된 것이 아닌가 한다.

애 [발견]

'-니'는 선행절의 상황이 있은 결과 후행문의 상황을 우연히 [발견]하게 될 때도 쓰인다.

(14) a 애룰 허러 알핏 政事룰 <u>맛노니</u> 陰險혼 쇠홀 사른미 호올로 작衡을 자밧더라

--두초 19:12b

    b. 舍利弗이 혼 獅子ㅣ룰 <u>지어내니</u> 그 쇼룰 자바 <u>머그니</u> 모다 닐오디 舍利弗이 이긔여다

--석보 6:32

    c. 如來룰 念호야 一日一夜룰 <u>디내니</u> 忽然히 <u>보니</u> 제 모미 혼 바룷가새 <u>다드르니</u> 그 므리 솟글코

--월석 21:23

(14a)는 "애를 헐어 앞에 있는 政事를 만나서 알아보니 陰險한 꾀를 낼 사람이 혼자서 작衡을 자밧더라" 정도의 의미를 갖고 있어 이때의 '-니'는 [발견/경험]의 의미를 갖는다. (14b)는 "사리불이 한 사자를 만들어 내니까 (그 사자가) 그 소를 잡아 먹었는데 모두 말하기를 사리불이 이겼다" 정도의 의미를 가지고 있어 첫째의 '-니'는 [상황]을, 둘째의 '-니'는 [발견]의 의미를 보인다. (14c)는 "如來를 생각하여 하루 낮 하루 밤을 지냈는데, 홀연히 보니까 자기 몸이 한 바닷가에 다다랐는데, 그 물(바닷물)이 솟구치면서 끓고" 정도의 의미를 가지고 있어[10] 첫째의 '-니'와 셋째의 '-니'는 [상황]의 의미를, 둘째의 '-니'는 [발견/경험]의 의미를 각각 나타낸다.

이런 의미를 가지는 '-니'는 '듣-', '보-', '스랑ᄒᆞ-' 등의 지각경험동사나 사유동사와 결합하는 경우가 많은 것도 이런 점에서 쉽게 이해된다. 다음이 그 예들이다.

(15) a. 須達이 보니 여슷 하ᄂᆞ래 宮殿이 싁싁ᄒᆞ더라

--석상 6:35b

　　 b. 三昧예 드러이셔 自然히 ᄆᆞᅀᆞ몰 놀라아 三昧로셔 나아보니 뫼히 드러치거늘

--석상 23:39b

　　 c. 大衆둘히 … 十方佛을 보ᅀᆞᄫᆞ니 모미 ᄀᆞ 업스시며 ᄯᅩ 說法을 듣ᄌᆞᄫᆞ니 그 音聲이 다 부텨 念ᄒᆞ며 法念ᄒᆞ며 比丘僧 念호ᄆᆞᆯ 讚歎ᄒᆞ시며

--월석 7:42b

---

10) (8a,b)의 현대어 번역은 이현희(1992:62~63)를 참고하였고, (8c,d)의 현대어 번역은 필자의 것이다.

(15)는 지각경험동사 '보-'가 쓰인 경우로 선행절의 상황을 '본' 결과 후행절의 상황을 [발견]하게 되는 것이다. 대개의 경우 선행절의 서술어에 지배되는 대격어나 처격어가 후행절의 주어로 나타나지만 반드시 그런 것은 아니다. (15a)는 선행절의 대격어가 후행절의 주어로 나타났지만, (15b)는 그렇지 않은 경우이다. 이 [발견]의 의미를 가지는 '-니'는 항상 동사와만 결합할 뿐 아니라 '-오-'를 제외한 어떠한 시제, 시상, 서법의 요소도 그 앞에 결합되지 않는다는 제약을 가지고 있다. (15c)가 그 예로 이때 '-니'는 [발견]의 의미를 나타내지 않고 [전제]의 의미를 나타낸다. 그리고 이 [발견]의 의미를 나타내는 '-니'는 접속어미 '-은대'와 거의 비슷한 성격을 가지고 있다.[11]

(16) a. 長者ㅣ 지벗 블을 子息이 아니 저홀씨 아비 말올 몰라 <u>드르니</u> 世間 煩惱ㅅ 블을 衆生이 아니 저홀씨 부텻 말올 몰라 듣ᄌᆞᄫᅵ니

　　　　　　　　　　　　　　　　　　　　　　　　　--월석 12:1a

　　b. 兵戈ㅣ 兩觀애 이쇼물 <u>드르니</u> 寵辱으로 三朝롤 셤기니라

　　　　　　　　　　　　　　　　　　　　　--두초 24:55b

　　c. 기동에 굽스럿ᄂᆞ니롤 周史롤 <u>듣노니</u> 들굴 톤 漢臣이 ᄀᆞᆮ도다

　　　　　　　　　　　　　　　　　　　　--두초 20:27b

　　d. 오ᄂᆞᆲ날 이런 法音을 <u>듣ᄌᆞᄫᅵ니</u> ᄆᆞᅀᆞ미 踊躍ᄒᆞ야 녜 업던 이롤 得과이다

　　　　　　　　　　　　　　　　　　　　--월석 12:2b

(16)은 지각경험동사 '듣-'이 쓰인 경우로 선행절의 상황을 '들은' 결

---

11) 이현희(1994:65～66) 참고.

과 후행절의 상황을 [발견]하게 되는 것이다. 이때의 '-니'도 항상 동사와만 결합할 뿐 아니라 '-오-'를 제외한 어떠한 시제, 시상, 서법의 요소도 그 앞에 결합되지 않는다는 제약을 가지고 있다. (16a, b)는 어간 '듣-'에 직접 접속어미 '-니'가 붙은 것이고, (16c)는 이 어간과 어미 사이에 인칭법 선어말어미 '-오-'가 개입된 것으로 [발견]의 의미를 나타내지만, (16d)는 어간과 어미 사이에 선어말어미 '-습-'이 개입되어 [전제]의 의미를 나타내고 있다.

(17) a. 蓄積ᄒᆞᆯᄉᆡ 江漢을 <u>ᄉᆞ랑ᄒᆞ노니</u> 어리며 疎拙ᄒᆞ야 町畦ᄒᆞ몰 疑惑ᄒᆞ노라

--두초 7::08b

　　b. 녀 ᄢᅴ 어러이 ᄃᆞ로몰 催促ᄒᆞ던 이ᄅᆞᆯ <u>ᄉᆞ랑ᄒᆞ니</u> 病에 시름업슬 저기 업더라

--두초 8:34b

　　c. 손소 머리 갓고 묏고래 이셔 道理 <u>ᄉᆞ랑ᄒᆞ더니</u> 虛空애셔 닐오ᄃᆡ 이제 부톄 나아 겨시니라 ᄒᆞ야ᄂᆞᆯ 즉자히 니러 竹園으로 오더니

--석상 6:12a

　　d. 人閒애셔 져믄 사ᄅᆞᄆᆞᆯ <u>ᄉᆞ랑ᄒᆞ노니</u> 구틔여 입거우지 셰욜ᄃᆡ 아니니라

--두초 8:19a

(17)은 사유동사가 'ᄉᆞ랑ᄒᆞ-'가 쓰인 경우로 선행절의 상황을 'ᄉᆞ랑ᄒᆞᆫ(생각한)' 결과로 후행절의 상황을 [발견]하게 되는 것이다. 이때의 '-니'도 항상 동사와만 통합할 뿐 아니라 '-오-'를 제외한 어떠한 시제, 시상, 서법의 요소도 그 앞에 결합되지 않는다는 제약을 가지고 있다. (17c,d)

가 그 예이다.

재) [나열]

‘-니’가 반복된 ‘-니 … -니’의 구성은 이런 일 저런 일을 [나열]하는 뜻을 나타낸다. 이때 ‘-니’는 어간에 직접 붙기도 하고, 선어말어미를 앞 세우기도 한다. 그리고 대개는 보조동사 ‘ᄒ-’가 연결된다. 이때의 ‘-니’ 는 보조동사 ‘ᄒ-’의 내포문을 이루는 명사문 구성 ‘ㄴ+이’에서 기원한 것으로 명사문 종결어미와 기원을 같이 한다. (18)은 어간에 직접 ‘-니’ 가 연결된 것이고, (19)는 선어말어미 ‘-거-’가 삽입된 것이다.

(18) a. 나미것 서르 일버수믈 훌쎠 외니 올ᄒ니 決호 사ᄅ미 업서

--월석 1:45

b. 그 後에ᅀᅡ 외니 올ᄒ니 이긔니 계우니 홀 이리 나ᄂ니라

--월석 1:42

c. 외니 올ᄒ니 ᄒ야 是非예 ᄯ러디면

--남명, 상:39

(19) a. 잇거니 죽거니 ᄒ야 다시 보디 몯ᄒ니(存亡不重見)

--두초 24:58a

b. 브르거니 對答거니 ᄒ야 威와 福과롤 짓ᄂ니(唱和作威福)

--두초 6:38

c. 하ᄂᆯ콰 ᄯ콰 爲ᄒ야 오래 ᄂ갑거니 놉거니 ᄒ니라 (天地爲之久低昻)

--두초 16:47

d 一切天과 … 人非人等이 다 모다 길 잡습거니 미조쫍거니 ᄒᆞ야
ᄂᆞ려 오시더라

--월석 21:203

(18a)의 '외니 올ᄒᆞ니'는 다음과 같이 두 가지의 해석 가능성이 있다. 첫째, "남의 것을 서로 빼앗으니, 그른 일(과) 옳은 일을 결정할 사람이 없어" 정도의 의미를 갖는 것으로, '외니 올ᄒᆞ니'가 후행의 동사 '決ᄒᆞ-'의 목적어 구실을 하는 것으로 분석한 것이다. 이때의 '-니'는 'ㄴ(관형사형어미) + 이(형식명사)'의 구성에 기원을 두는 것으로 본다. (18b)는 "남의 것을 서로 빼앗으니, '네가 그르다 내가 옳다'를 결정할 사람이 없어" 정도의 의미를 갖는 것으로 후행의 동사 '決ᄒᆞ-'가 직접 인용문인 내포문을 지배하는 것으로 본 것이다. 이때의 직접 인용문(네가 그르다 내가 옳다) 하나하나는 형식상으로 서술문 기능을 하지만, 인용문 전체는 의미상으로 흔히 명사구의 기능을 하는 것으로 본다는 점에서 '-니… -니 ᄒᆞ'의 구성에서 '-니'는 명사구 구성에서 기원한 것이다.

(19)의 경우는 '-니 … -니' 구성에서 선어말어미 '-거-'가 삽입된 것들로서 이 [강조]의 '-거-'가 개입하면서 '-거니… ᄒᆞᄆᆞᆯ며… 이ᄯᆞ녀'의 구성처럼 [대립]의 의미가 부각되는 구문이다. 따라서 이 구문의 [나열]의 의미는 명사구 구성 'ㄴ+이'로부터 자연스럽게 파생되는 기능인데, [대립쌍]의 [반복]에 의한 [나열]이라는 점에서 단순한 [나열]의 기능을 보이는 '-고'나 '-며'와는 기능이 다르다.

차) [비교]

후기 중세국어의 어미구조체 '-노니'는 대부분 [전제]의 의미를 갖지만, 일부의 경우에 '~하는 것보다'와 같은 [비교]의 의미를 갖기도 하고,

'~하는 것은'처럼 그 문장의 '주어 명사구' 구실을 하는 것도 있다. 2章에서는 이들이 모두 'ㄴ(관형사형어미) + 이(의존명사)'의 구성에서 어미화한 것으로 보고 재분석한 바 있다. 명사구 구성이 그대로 유지된 채 한 문장의 '주어 명사구' 구실도 하고 명사구 구성이 반복되면서 [나열]의 의미가 자연스럽게 파생된다. 또한 동등한 내용의 [나열]에서 차등의 내용이 나열됨으로써 [비교]의 의미가 파생되고 여기서 더 발전되어 [전제]의 의미까지 파생되는 것으로 볼 수 있다.

> (20) 겨지비 보고 어버싀게 請호디 ᄂᆞ민 겨집 <u>ᄃᆞ외ᄂᆞ니</u> 츠히 뎌 고마 ᄃᆞ외아지라 ᄒᆞ리 열히로디
>
> --법화 2:38

(20)은 "계집이 (어버이를) 보고 어버이에게 請하되 '남의 계집 되는 것보다 차라리 저 곰과 같이 되고 싶습니다' 할 사람이 열이로되" 정도의 의미를 갖는 것으로 밑줄친 '-노니'는 '~하는 것보다'의 뜻을 나타내는데, 허웅(1975:611)에서는 이때의 '-노니'를 [비교법]이라 하여 다음 (21)의 [전제]의 '-노니'와 구별하고 있다.

> (21) a. 내 본디 불여 <u>ᄃᆞ니노니</u> 이제 ᄯᅩ 어듸 가 이실고
> --두초 21:39b

> b. (내) 늘근 나해 正히 病이 侵陵ᄒᆞ요ᄆᆞᆯ 苦로이 <u>너기노니</u> 첫 녀르메 엇데 모로매 氣運이 ᄢᅴᄂᆞᆫ 둧거니오
> --두초 10:23b

지금까지 논의한 접속어미 '-니'의 관계 의미는 다음과 같이 분류할 수 있다.

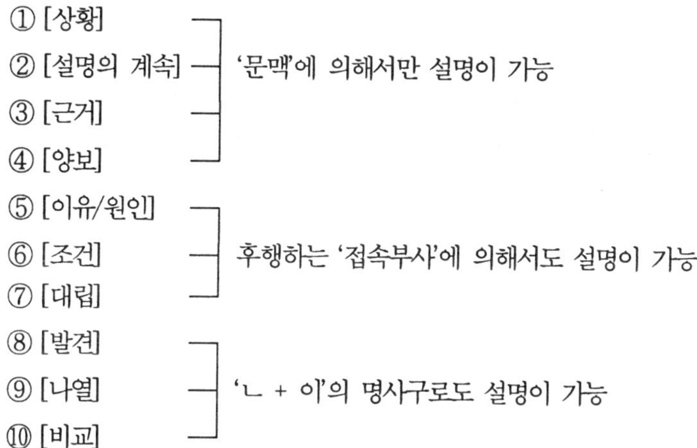

1-2. '-니'의 해석 원리

  2장에서 '-니'가 'ㄴ + 이'의 구성으로 명사구 [나열] 기능과 종결어미로서 명사문 [종결] 기능을 한다는 점, '-니'에 '-ㅅ녀'와 '-와'가 결합될 수 있다는 점, '-노니'에서 파악되는 명사적인 의미 특성, 선어말어미 '-니-'가 'ㄴ(관형사형어미) + 이(의존명사) + 이(계사)'의 구성으로 재분석될 수 있다는 점 등을 근거로 후기 중세국어의 '-니'를 '-ㄴ(관형사형어미) + 이(의존명사)'로 재분석하였다. 결국 '-니'는 기원적으로 동명사형어미 '-ㄴ'이 참여하는 명사구 구성에서 어미화한 것이라고 할 수 있다.

  임홍빈(1982)에서 동명사 구성의 해석 방법을 논의한 바 있는데, 그 해석의 원리 중 하나가 '명사성과 시제성의 반비례 원칙'이다. 곧 동명사의 명사성이 강화될수록 시제성은 약화되며, 명사성이 약화될수록 시제성은 강화된다는 것이다. '-니'를 'ㄴ(관형사형어미) + 이(의존명사)'로 재분석한 2장의 논의에 적용시키면, '-니'의 해석 원리를 다음과 같이 규정할 수 있다. 첫째, 'ㄴ + 이'에서 '-ㄴ'의 [-미래성] 혹은 [확인]이라는 시제성이 강화되면 명사성이 약화된다. 여기에 관련되는 어미는 [확인]의 의미를 갖는 선어말어미 구성의 '-니'가 있고, [발견] 혹은 [경험]의 의미를 갖는 접속어미 '-니'와 여기에서 발전한 [전제]의 의미를 갖는 접속어미 '-니'가 있다. 둘째, 'ㄴ + 이'에서 '-ㄴ'이 의존명사 '-이'의 도움을 받아 [명사성]이 강화되면 시제성은 약화된다. 여기에 관련되는 어미로는 시가에서 흔히 쓰이는 명사문 종결어미의 '-니'와 [반말]의 서법을 나타내는 명사문 종결어미의 '-니' 그리고 명사구 [나열]의 기능을 하는 접속어미 '-니'와 [비교]의 의미 기능을 하는 접속어미 '-니' 등이 있다.

1-3. '-니'의 기본 의미

지금까지 접속어미 '-니'의 관계 의미를 검토하였다. 여기에서는 이러한 의미를 바탕으로 접속어미 '-니'가 가지는 기본 의미가 무엇인지를 검토한다.

앞에서 10가지로 분류한 접속어미 '-니'의 관계 의미를 'ㄴ + 이'라는 명사구와의 관련성을 기준으로 다시 분류하면 다음과 같이 두 가지로 나눌 수 있다. 첫째, 'ㄴ + 이'의 명사구 구성과 아직 관련성을 유지하고 있는 것들로 [나열], [비교], [발견/경험] 등의 의미이고, 둘째, 'ㄴ + 이'의 명사구 구성과 이미 관련성을 잃어버린 것들로 [상황], [설명의 계속], [근거], [양보], [이유/원인], [조건], [대립] 등인데 이들은 다시 [전제]의 의미로 묶일 수 있다.

여기에서의 [전제]라는 개념은 상당히 포괄적인 개념이라고 할 수 있다. 왜냐하면 엄밀한 의미에서 모든 접속문의 선행절은 후행절의 [전제]가 되고, 후행절은 그 [전제]에 대한 [결과]라고도 할 수 있기 때문이다. 심지어 두 개 이상의 종결된 문장들이 연결되어 문맥(context)을 형성할 때, 선행하는 종결문도 후행하는 종결문에 대해 일종의 [전제]가 된다. 따라서 하나의 접속어미가 [전제]의 의미를 갖는다면, 여기에서 다양한 의미가 파생되어 나올 수 있다. 이러한 [전제]의 의미에서 [이유/원인]이 나 [조건], 심지어 [양보]의 의미까지도 파생되는 것을 논리적으로 설명할 수가 있게 된다. 이와 비슷한 경우로 [전제]의 의미를 갖는 접속어미 '-아/어'의 경우에도 [이유/원인]에서부터 [방법]에 이르기까지 다양한 의미를 가지며, 통사 기능도 동사구 내포문어미, 부사형어미, 접속어미, 종결어미 등으로 다양하게 나타나고 있다. 이렇게 접속어미 '-니'의 기본 의미를 [전제]라는 포괄적인 것으로 규정한다면, 너무나 안이하고 막연한 것이라고 할 수 있을 것이다. 그러나 필자가 2장에서 '-니'를 'ㄴ + 이'로 분석했던 것을 의미와 관련시켜 보면, 그 타당성을 인정하게 될 것이다.

후기 중세국어의 접속어미 '-니'는 'ㄴ(관형사형어미) + 이(의존명사)'로 재분석될 수 있다. 따라서 이때의 '-니'는 명사구 구성이라고 할 수 있다. 명사구 구성의 'ㄴ + 이'가 형태소 경계의 소멸로 '-니'로 되면서 명사문 종결어미로도 쓰이고, 명사구 혹은 명사문의 [나열]의 의미로 쓰이다가 [나열]되는 선·후행 명사문 내용의 차등으로 [비교]의 기능이 파생되고, [비교]에서 다시 [전제]의 의미까지도 파생된다. [전제]의 기능으로 포괄할 수 있는 것으로 [상황], [설명의 계속], 가벼운 [근거], [이유/원인], [조건], [비교], [대립] 등이 있다.

1-4. '-니'의 통사적 제약

흔히 하나의 문법 형태가 문장에서 그 기능을 수행할 때 그 형태가 가지고 있는 의미가 통사적인 제약에 영향을 준다. 접속어미 '-니'의 경우도 예외는 아니다. 접속어미 '-니'는 [전제]라는 기본 의미를 갖지만,

통사적 제약에 따라 [발견]의 의미를 부차적으로 갖는다.

1) 선·후행절의 주어 제약

[전제]의 '-니'는 선·후행절의 주어에 대한 제약이 없다. (22)와 같이 선·후행절의 주어는 동일 주어가 될 수도 있고 비동일 주어가 될 수도 있다. 이에 비해 [발견]의 '-니'는 (23)과 같이 선·후행절의 주어가 반드시 비동일 주어이어야 한다는 제약을 가지고 있다. [전제]의 '-니'가 현대국어에서 극히 일부의 환경에서만 살아남아 있음에 비해, [발견]의 '-니'는 현대국어에서도 의연히 건재해 있다.

(22) a. <u>내</u> 슈건과 비술 잡ᄉᆞ오미 열 <u>ᄒᆞᆫ 히ㅣ니</u> <u>(내)</u> 사ᄅᆞᄆᆞᆯ 鄭國衛國에 보내야 고ᄋᆞᆫ 사ᄅᆞᄆᆞᆯ 求ᄒᆞ야 王ᄭᅴ 받ᄌᆞ오니

--내훈 2:20a

b. <u>孟氏ᄂᆞᆫ</u> 됴ᄒᆞᆫ <u>兄弟니</u> (孟氏가) 어버ᅀᅵᆯ 이바도ᄃᆡ 오직 져고맛 위안ᄒᆞ로 ᄒᆞᄂᆞᆺ다

--두초 21:33a

c. <u>다ᄉᆞᆺ</u> <u>輿渠ㅣ니</u> <u>다ᄉᆞ시</u> 내 더러워 안ᄒᆞ로 婬恚ᄅᆞᆯ 내오

--능엄 8:4b

d. <u>(내)</u> 吳ㅅ비와 楚ㅅ비ᄅᆞᆯ 百丈ᄋᆞ로 잇거 더운 제 셔울 <u>가니</u> <u>(내)</u> 칩ᄃᆞ록 도라오디 몯 ᄒᆞ얫도다

--두초 10:27a

(23) a. <u>네</u> 아ᄃᆞ리 各各 어마님내 뫼ᅀᆞᆸ고 누의님내 더브러 즉자히 <u>나가니</u> <u>力士와 百姓ᄃᆞᆯ히</u> 만히 조차 가니라

--월석 2:6b

b. 앐이 다 흐러가니 지비 주그며 사룸 무를 되 업도다

--두초 8:36b

c. 江漢애 버디 져그니 音書ㅣ 일로브터 드믈리로다

--두초 23:27b

d. 내 正法眼藏ᄋ로 너를 ᄀᆞ마니 맛디노니 네 護持ᄒᆞ야 後에 뎐디ᄒᆞ
라

--석보 24:39a

2) 선행절의 서술어 제약

'-니' 접속문의 선행절 서술어로 다음의 예와 같이 동사(24), 형용사
(25), 계사(26)가 쓰일 수 있어 제약이 없는 듯하나 '-니'의 구체적인 의
미가 어떠한가에 따라 제약 현상이 달리 나타난다. 즉 [전제]의 의미를
가지는 '-니'는 선행절의 서술어에 아무런 제약 없이 결합할 수 있으나
[발견]의 의미를 나타내는 '-니'는 항상 동사(특히 지각경험동사나 사유동
사)와만 결합할 뿐 아니라 '-오-'를 제외한 경어법, 시상법, 감동법 등의
요소도 그 앞에 결합시키지 않는다는 제약을 가지고 있다.

(24) a. 내 본디 불여 ᄃᆞ니노니 이제 또 어듸 가 이실고

--두초 21:39b

b. 울엣소리 忽然히 즈믄 묏부리옛 비롤 보내니 곳 氣運은 다 온가
짓 것 섯거 밍ᄀᆞ론 香 ᄀᆞᆮ도다

--두초 10:18a

(25) a. 五衰五瑞롤 뵈샤 閻浮提 나리실씨 諸天이 다 <u>츠기 너기니</u> 法幢法

會룰 셰샤 天人이 모드릴씨 諸天이 다 깃스ᄫᅥ니 其十四

--천강곡 5b

b. 世間이 <u>無常</u>ᄒ니 어서 나쇼셔

--석보 3:22b

(26) a. 銀輪은 銀술위오 銅輪은 구리술위오 鐵輪은 <u>쇠술위니</u> 네 輪王이

七寶千子롤 두시ᄂ니

--월석 1:26a

b. 일후미 <u>善意</u>니 이ᄂ 妙善이라 量을 어루 아디 몯ᄒᆞᆯ씨 일후미 無

<u>量意</u>니 이ᄂ 妙量이라

--월석 11:46b

1-5. '-니'와 의미 단락의 완결 기능

혼히 중세국어 문장의 가장 큰 특징은 단문은 거의 없고 접속문과
내포문이 뒤섞인 복잡한 구조를 가지고 있다는 것이다. 중세국어에서는
사건 또는 사고 속의 한 단락은 한 문장으로 표현함이 원칙이었던 것으
로 믿어진다.[12] 그러나 접속이나 내포에 의해 문장이 길어져 내용 파악
파악에 어려움이 따른다. 이런 특징을 가진 중세국어의 문장 구조를 올
바로 이해하기 위해서는 문장이라는 차원보다는 텍스트(text) 차원에서
파악해야 한다는 주장들이 제기되었다.[13]

---

12) 이기문(1972:180) 참고.
13) 텍스트의 정의와 그 접근법에 대해서는 고영근(1990a)에서 논의되었고, 윤석
    민(1989)와 고영근(1990b)도 참고가 된다. 고영근(1990b)에서는 하나 이상의
    문장이 모여서 어떻게 이야기로 형성되는가에 초점을 맞추고 있다. 여기에서

고영근(1990b)에서는 어떻게 하나 이상의 문장이 모여서 전체 이야기로 통합되어 가는가에 관심을 갖고, 이 이야기 형성의 기제로서 통사적 통합 수단과 의미·기능상의 통합 수단을 들고 있다. 이 논의에서는 이렇게 통합되는 기본 단위로 '이야기'(text)라는 용어를 쓰고 있다.

졸고(1989:387~388)에서는 근대국어의 접속어미 '-니'를 다루면서 이 어미가 접속의 기능뿐 아니라 종결의 기능까지도 할 수 있다는 점에서 '준종결어미'로 규정한 바 있다.

이현희(1994:63~64)에서는 전체 이야기의 의미를 정확히 파악하기 위해서는 어떻게 나누어(단락지어) 이해하여야 하는가에 초점을 맞추어 의미 단락의 완결 기능에 대해 논의하고 있다. 이현희(1994)에서 쓰인 '의미 단락이란 개념'은 정확히 정의된 바는 없다.14)

문장(sentence) > 단락(paragraph) > 이야기(story)

로 분류하는 것은 이야기를 구성하는 요소의 형식적인 면에 중점을 둔 것이고,

텍스트는 우리말로 '이야기'라 부르고 있다. 그러나 하나 이상의 문장이 모여 토막 이야기(段落, 文脈, 談話, 텍스트)가 되고, 하나 이상의 토막 이야기가 모여 전체 이야기(story)가 된다는 것을 염두에 두면, '이야기'란 용어는 적절하지 못하다. 전체 이야기의 전개 단위인 단락의 차원에 합당한 적당한 표현이 없는 한 본 연구에서는 텍스트란 용어를 그대로 쓴다.

14) 의미 단락의 완결 기능이란 용어는 이현희(1994:63~64)의 논의에 따른 것이다. 논문 심사 과정에서 서태룡 선생님께서는 '의미 단락'의 개념이 명확하지 않을 뿐 아니라 자칫 '단락'이란 말 때문에 이 용어가 단락(paragraph)의 차원에만 적용될 위험이 있다고 지적하고, '표현의 매듭 기능'이란 용어를 제시하신 바 있다. 그러나 '표현의 매듭'이란 개념도 명확하지 않고 학술 용어로 부적절하다는 지적이 있어, 일단 '의미 단락의 완결 기능'이란 용어를 사용한다.

명제(preposition)나 사실(fact) > 소주제(subtopic) > 대주제(topic)

로 분류하는 것은 내용적인 면에 중점을 둔 것이라고 할 수 있는데, 의미 단락의 완결 기능은 주제 완결 기능을 하는 단위와 관련이 있다. 내용과 형식이라는 차이가 존재하지만, 의미 단락은 고영근(1990b)의 '텍스트'에 대응하는 용어이다.

고영근(1990b)에 의하면 중세국어의 이야기는 다음과 같은 형성 수단을 갖는다.

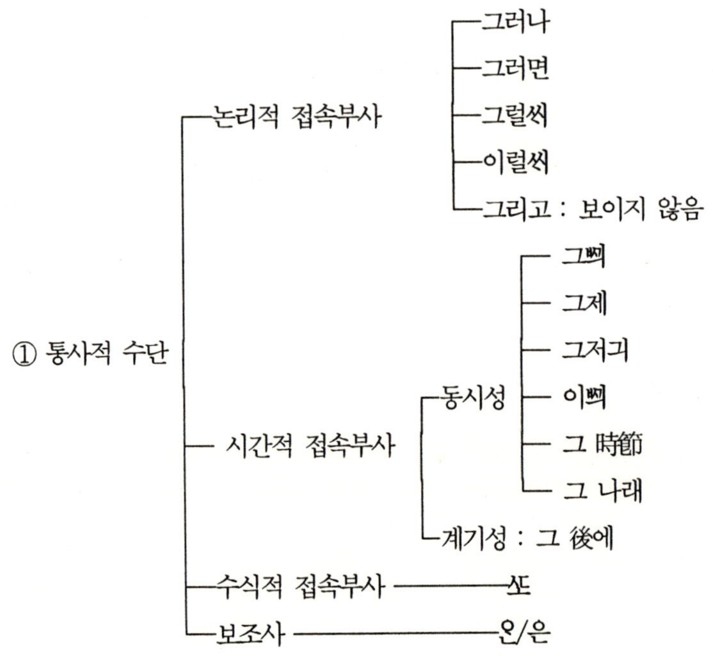

② 의미·기능적 수단 ┬ 의미상의 등가성 : 고유명사나 보통명사
                  │   의 단순한 반복
                  └ 기능적인 등가성 : 같은 대상이 상황에
                                     따라 달리 불리는 이름

　이러한 의미 단락의 완결 기능은 종결어미를 갖춘 서술어에서 가장 잘 이루어진다.[15] 그런데 접속어미 가운데 일부가 의미 단락의 완결 기능을 갖는다. 그 대표적인 것이 접속어미 '-니'이다. 이러한 기능을 파악하기 위하여 다음과 같은 방법을 이용하도록 한다. 첫째, 텍스트의 경계와 접속부사가 출현하는 조건이 관련이 있다는 점[16]을 고려하여 '-니'에 후행하는 접속부사를 검토하여 증명한다. 둘째, 주석문이 끼어들 수 있는 환경이라면 의미 단락이 잠정적이나마 완결되어야 한다는 점을 고려하여 '-니'에 의해 접속되는 선행절과 후행절 사이에 끼어드는 주석문을 검토하여 증명한다. 셋째, '-니'에 의해 접속되는 선행절과 후행절 사이에 끼어드는 일종의 '삽입구'가 의미 단락의 완결 기능과 관계가 있음을 증명한다. 넷째, 의미 단락의 완결 기능을 주로하는 종결어미(특히 '-라')와의 교체적인 용법을 검토하여 증명한다.

1) '-니'와 주석문

가) 주석문의 개념

　후기 중세국어의 문헌 자료는 한문의 원문을 저본으로 하여, 번역한 것이 대부분이다. 따라서 중세국어의 문장 유형은 편의상 본문과 주석

---

15) 이현희(1994:63)의 주29 참고.
16) 고영근(1990b14~20) 참고.

문으로 나누어 볼 수 있다. 이 주석문은 狹註文, 註解文, 注疏文 등으로 불리기도 하는데, 박금자(1988:127)에서는 註釋과 狹註를 구별할 것을 제의하였다. 그에 의하면, 협주문은 원문이 없이 창작된 한글 주석문을 지칭하고, 주석문은 원문이 존재하므로 주석 언해문을 지칭해야 한다는 것이다. 그러나 본 연구에서는 주석문 자체의 문장 구성을 밝히는 것이 아니고, 접속어미 '-니'의 의미 단락의 완결 기능을 검토하는 것이 목적이기 때문에 본문과 본문 사이에 삽입되어 선행하는 본문의 내용을 보충·설명하는 문장들을 통틀어 넓은 의미로 주석문이라 부르기로 한다.[17]

나) 주석문의 분류

주석문은 주석문 자체의 형식과 내용을 기준으로 분류할 수도 있고, 주석되는 대상에 따라 분류할 수도 있다. 본 연구에서는 상대적인 의미 단락의 완결 기능을 파악하기 위하여 소략하게나마 주석되는 대상에 따

---

17) 주석문에 대한 연구로는 남풍현(1973), 안병희(1976), 박금자(1988) 등이 참고된다. 남풍현(1973:1~3)에서는 두시언해 주석문의 문법적 고찰을 시도하면서 두시언해에 나타난 주석문의 표현 형식을 분류하고 있으며, 안병희(1976)에서는 훈민정음 등의 한자 주석을 검토한 결과 당시의 언해자들이 한자를 4군으로 나누고 있음을 확인하였다. 또한 고영근(1990:12, 주19)에서는 협주문과 주석문을 다음과 같이 구별하고 있다.

　① 협주문 : 주로 한자나 한자어의 뜻풀이에 사용되는 문장 양식.
　② 주석문 : 한문의 원문을 번역한 자료

이때 이 둘의 문체상의 차이가 존재하는데, 주석문은 한문 원문을 언해한 글이므로 한문 직역적인 문체를 보이는 반면 협주문은 그러한 직역적인 문체를 보이지 않는다. 따라서 문장 유형이나 문체를 연구할 때는 이러한 차이를 고려할 필요가 있다.

라 다음과 같이 세 가지로 나눈다.

ㄱ) 제1형 : 단어 및 어구에 대한 주석문

(27a)는 '訓'이란 단어를 주석한 것이고, (27b)는 '큰 구데 뻐러디리라'
라는 서술구를 주석한 것이다.

> (27) a. 訓은 マ른칠 씨오 民은 百姓이오 音은 소리니 訓民正音은 百姓 マ
>   른치시논 正훈 소리라
>
> --훈민, 1a
>
> b. 增上慢比丘ㅣ 쟝ᄎ 큰 구데 뻐러디리라 (큰 구데 뻐러디다 호ᄆ
>   法 헐오 惡道애 뻐디다 ᄒ닷훈 마리라)
>
> --월석 11:106b

ㄴ) 제2형 : 문장에 대한 주석문

(28a)의 괄호 안의 것은 '큰 光明이 너비 비취여 世界예 マ독ᄒ야 諸
天光애셔 더으더라'라는 문장에 대한 주석이고, (28b)의 괄호 안의 것은
'起信論애 닐오디 무슨미 生滅은 如來藏을 브틀씨 生滅心이 잇느니'라는
문장에 대한 주석이다.

> (28) a. 큰 光明이 너비 비취여 世界예 マ독ᄒ야 諸天光애셔 더으더라
>   (諸天이 비록 샹녯 光明이 이셔도 부텻 光明에 몯 밋느니라) 그
>   쁴...
>
> --월석 14:18b

b. 起信論애 닐오디 무슨미 生滅은 如來藏을 브틀씨 生滅心이 잇ᄂ
니 (生滅 아니ᄒᆞᆫ 무슨미 無明ㅅ 브르몰 因ᄒᆞ야 뮈여 生滅이 다
욀씨 닐오디 生滅心이 生滅 아니ᄒᆞᆫ 무슨몰 븓다 ᄒᆞ니라 그러
나…)

--월석 11:54b

ㄷ) 제3형 : 텍스트(text)에 대한 주석문

(29a)의 괄호 안의 것은 선행한 텍스트에 대한 주석이고, (29b)의 괄
호 안의 것은 '알픠 니론' 텍스트에 대한 주석이다.

(29) a. 經을 바다 디니며 닐그며 외오며 사겨 니르며 쓰며 ᄒᆞ야ᅀᅡ ᄒᆞ리
라 (잇ᄀ장온 常不輕菩薩品이니 釋迦前身이 威音王時節에 妙法을
精微히 디니샤…)

--석상 19:36a

b. 큰 妄語ㅣ 이러 無間獄애 뻐러디ᄂᆞ니(알픠 니르샤디 禪那ㅣ 現ᄒᆞᆫ
境이라 ᄒᆞ샤몬 天魔ㅣ 영와 그 便을 得호미오)

--능엄 10:41a

위에서 분류한 세 가지 주석문이 삽입되는 환경은 단어 혹은 어구의
뒤, 접속어미에 의해 지배되는 선행절의 뒤, 종결어미에 의해 지배되는
종결문의 뒤 등이다. 이 세 가지 주석문 중 가장 많이 쓰인 것은 제1형
이고, 다음이 제2형이며, 가장 적게 쓰인 것이 제3형이다.
위의 주석문들은 다음과 같은 환경에서 삽입된다.

① <본문(종결문)--주석문--본문 >

② <본문(접속문)--주석문--본문 >
③ <본문(내포문)--주석문--본문 >
④ <본문(단어)--주석문--본문 >

  주석문의 분포만 보면, 주석되는 대상에 따른 주석문의 종류에는 차이가 없다. 그러나 주석문의 출현 빈도를 조사하면, 차이가 금방 드러난다. 우선 단어 및 구를 주석하는 문장의 유형은 예문 (27)과 같은 형식이 대부분이고, 문장 및 텍스트를 주석의 대상으로 한 경우에는 예문 (28)과 (29) 같은 형식이 주로 쓰인다. 그런데 문장 및 텍스트를 대상으로 한 주석문의 경우에는 접속문 다음보다는 종결문 다음에 주석문이 더 많이 개입될 것으로 예상되는데, 실제로는 접속어미 다음에 개입되는 것이 우세하다.

  종결어미 다음에는 제1형의 주석문도 간혹 나타나나, 제2형과 제3형의 주석문이 상대적으로 많이 나타난다. 접속어미의 경우에는 접속어미의 종류에 따라 차이가 난다. 대등접속의 [나열] 기능을 하는 '-고'나 '-며' 그리고 종속접속의 단순한 [전제]나 [부정법]의 기능을 하는 '-아/어' 다음에는 제1형의 주석문이 상대적으로 많이 나타나고, 막연한 [전제], [가정], [조건], [이유]를 나타내는 종속접속어미 다음에는 제2형과 제3형의 주석문이 많이 나타난다. 특히 접속어미 '-니' 뒤에는 제3형의 주석문이 상대적[18]으로 많이 나타난다. 이러한 사실로부터 접속어미 '-니'는 의미 단락의 완결 기능을 갖는다는 것을 알 수 있다. 즉 접속어미 '-니'가 선행의 텍스트 전체의 서술 내용(의미 단락)을 일단 완결시킨 다음 주석문으로 보충·설명하여 후행의 텍스트(후행의 본문의 내용)에 연결시

---

18) 여기서 상대적이란 말은 접속어미들 간의 비교를 전제로 한 것이다. 물론 제1형의 주석문이 전체적으로 볼 때, 절대적 우위를 차지한다. 따라서 많고 적음의 비교 대상은 주석문 종류 자체가 아니다.

키는 기능한다고 본다. 접속어미 '-니'가 이렇게 의미 단락을 일단 완결
시킬 수 있다는 점으로부터 접속어미 '-니'와 종결어미 '-니'[19]는 기원
적으로 같았으리라는 추정을 할 수 있다. 그리고 '-니'의 기원을 2章의
분석에서와 같이 'ㄴ(관형사형어미) + 이(의존명사)'로 본다면, 이러한 의
미 단락의 완결 기능은 자연스럽게 이해될 수 있다.

다) 주석문의 실례

필자는 앞에서 주석문을 주석이 되는 대상에 따라서 그 종류를 셋으
로 분류하여, 단어 및 어구에 대한 주석문을 제1형으로, 문장에 대한 주
석문을 제2형으로 문맥에 대한 주석문을 제3형으로 한 바 있다. 이들
주석문 중에서 의미 단락의 완결 기능과 관계가 있는 것은 당연히 제3
형의 주석문이 될 것이다. 일단 의미 단락을 완결시킨 다음 일정한 내
용을 보충·설명하고 후행의 내용에 연결시켜 주기 때문이다. 이를 구체
적으로 확인하기 위하여 먼저 종결어미 '-라 + 주석문'의 경우를 살펴
본 다음, 접속어미 '-니'가(다른 접속어미와는 달리) 종결어미와 같은 의미
단락의 완결 기능을 하고 있는지를 검토한다.

ㄱ) '-라 + 주석문'

(30~31)은 종결어미 '-라'에 후행하는 제1형의 주석문들로 이 주석문
에 선행하는 절의 한 구성소(단어 및 어구)에 대해 주석한 것이다. (30)
은 단어를 대상으로 한 것이고, (31)은 어구를 대상으로 한 것이다. 또
한 (32)는 문장을 대상으로 한 것이고, (33)은 텍스트를 대상으로 한 것
이다. 특히 (33a~d)는 간단한 문맥을 대상으로 했다기보다는 커다란 완

---

19) '-니'의 종결 기능은 졸고(1995:43~46, 153~156) 참고.

결된 이야기를 대상으로 주석한 것으로 볼 수 있다. 전체적으로 보면, 종결어미 '-라' 다음에 모든 유형의 주석문이 다 나타난다. 그러나 다른 환경의 주석문에 비해 상대적으로 종결문 뒤의 주석문에는 제2형과 제3형이 많이 나타난다는 것을 알 수 있다. 이러한 사실은 종결어미 다음에서 일단 의미 단락이 완결된다는 것과 관련이 있음을 의미한다.

(30) a. 다 大乘ᄋ로 便安히 셰요리라 (大乘은 菩薩ㅅ 乘이라)

--월석 9:16a

　　b. 비 브르긔 ᄒ고ᅀᅡ 法味로 乃終에 便安코 즐겁긔 ᄒ야 셰요리라 (法味ᄂᆞᆫ 法 마시라)

--월석 9:26a

　　c. 柵이 다 그ᅀᅳᆨ흔 이리라 (柵ᄋᆞᆫ 나모 城이라)

--능엄 8:89a

(31) a. 사ᄅᆞ미 阿녹多羅 三막三菩提心ᄋᆞᆯ 發하야 다 現一切色身 三昧예 住케 ᄒᄂᆞ니라 (몬졔 몸 ᄉᆞᄅᆞ샤ᄆᆞᆫ 얼굴 보몰 여희시고 이제 볼 ᄉᆞᄅᆞ샤ᄆᆞᆫ 法 자보ᄆᆞᆯ 더르샤미라)

--석상 20:18b

　　b. 增上慢比丘ㅣ 쟝ᄎᆞ 큰 구데 ᄣᅥ러디리라 (큰 구데 ᄣᅥ러디다 호ᄆᆞᆫ 法 헐오 惡道애 ᄣᅥ디다 ᄒᆞ닷흔 마리라)

--월석 11:106b

(32) a. 諸漏에 ᄆᆞᅀᆞ미 解脫ᄋᆞᆯ 得하야 다 深妙禪定과 三明六通ᄋᆞᆯ 得ᄒᆞ며 八解脫이 ᄀᆞᄌᆞ니라 (이ᄂᆞᆫ 첫 會예 法 듣ᄌᆞᆸ고 盆어든 눌카ᄫᆞᆫ 根이라 一切法을 受티 아니호ᄆᆞᆫ 諸緣이…)

                                                                --월석 14:39a

    b. 큰 光明이 너비 비취여 世界예 ᄀᆞ독ᄒᆞ야 諸天光애셔 더으더라 (諸
       天이 비록 샹녯 光明이 이셔도 부텻 光明에 몯 밋ᄂᆞ니라) 그ᄢᅴ..
                                                                --월석 14:18b

(33) a. 釋迦牟尼佛ᄭᅴ 이런 이롤 묻ᄌᆞᄫᅡ 無量 一切 衆生ᄋᆞᆯ 利益기 ᄒᆞᄂᆞ
       다 (잇ᄀᆞ장ᄋᆞᆫ 藥王菩薩 本事品이라) 그저긔 釋迦牟尼佛이…
                                                                --석상 20:32a

    b. 舍利弗等 聲聞四衆과 一切 世間 天人 阿修羅ᄃᆞᆯ히 부텻 말 듣ᄌᆞᆸ고
       다 ᄀᆞ장 깃거ᄒᆞ더라 (잇ᄀᆞ장ᄋᆞᆫ 囑累品이니 말ᄊᆞᄆᆞ로 브틸씨 囑이
       오 法으로 낼씨 累라) 그 ᄢᅴ…
                                                                --석상 20:5a

    c. 이런ᄃᆞ로 일후믈 助道ㅣ라 ᄒᆞ니라 (八卷ㅅ 가온디로 十卷 ㅅ그티
       라)
                                                                --능엄 1:22a

    d. 王이 若干 百千眷屬 ᄃᆞ려와 各各 부텻 바래 禮數ᄒᆞᅀᆞᆸ고 ᄒᆞ녁 面
       에 믈러 안ᄌᆞ니라 (各各ᄋᆞᆫ 우흘 다 닐온 마리라)
                                                                --석상 13:11b

ㄴ) '-니 + 주석문'

  필자가 조사한 어미 '-니'에 후행하는 주석문은 총 317개로 그 예를
들면 다음과 같다.
  (34~36)은 접속어미 '-니'에 후행하는 제1형의 주석문들로 주석문에

선행하는 절의 한 구성소(단어 및 어구)에 대해 주석한 것이다. (34)는 단순한 단어를 대상으로 한 것이고, (35)는 어구를 대상으로 한 것이다. (36)은 선행절의 어구 하나만을 대상으로 한 것이 아니라 선행절의 모든 어구를 대상으로 하고 있다는 점에서 다음 (37)과 같은 제2형의 주석문과 큰 차이가 없는 것이다.

(34) a. 雪山此에 가니 (雪山온 山 일후미라)

--월석 2:6b

b. 지븻 보비룰 제 劫ᄒᄂ니 (劫은 저히고 아울씨라)

--능엄 4:93a

c. ᄒ나ᄒ 本ᄋ로 末從ᄒ요ᄆ로 不異룰 볼기니 (不異ᄂ 다ᄅ디 아니 홀씨라)

--월석 11:57a

d. 그저긔 諸天이 八萬菩提樹엣 獅子座룰 밍ᄀ니 (獅子座ᄂ 부텻 座ㅣ시니 獅子ᄂ 즁싱둘히 다 저흘씨 부텻 威嚴과 德과룰 가줄벼 獅子座라 ᄒᄂ니라)

--석상 3:43a

(35) a. 이제ᅀᅡ 이 모돈 사ᄅ미 ᄂ외야 가지와 닙괘 업고 다 正ᄒ 여르미 잇ᄂ니 (가지와 닙과ᄂ 사오나ᄫ 사ᄅ몰 가줄비시고 正ᄒ 여르믄 德인 사ᄅ몰 가줄비시니라) 舍利弗아…

--석상 13:47a

b. 부텻 國土룰 조케 ᄒ야 衆生 일우오매 ᄆᆞ슬몰 즐기디 아니타니 (說法 오래 ᄒ시다 호ᄆ 마순 히룰 小敎 니ᄅ싫 저글 니르니라…)

--월석 13:4b

c. 우리 부텨를 조쯔바 涅槃을 得호야 호롯 갑술 구장 得호라 호야
이 大乘에 求홇 뜯 업다니 (如來ㅅ 智慧 니르샤믄 곧 般若敎ㅣ
라)

--월석 13:35a

d. 舍利弗아 如來能히 種種으로 굴히야 諸法을 工巧히 닐어 말쏘미
보드라바 모든 무슨매 맛당케 ᄒᄂ니 (工巧히 니르샤믄 機를 조차
三乘을 舍利弗아 모도아 니르건댄 無量無邊ᄒᆞᆫ 네 업던 法을 부톄
다 일우니라 (二智의 德과 用과…:주석문 속의 주석문) …)

--월석 11:99a

(36) a. ᄒᆞᆫ 사ᄅᆞ미 나히 져머셔 아비 ᄇᆞ리고 逃亡ᄒᆞ야 가 다ᄅᆞᆫ 나라해 오
래 이셔 열 힌 스믈 힌 쉰 히예 니르더니 (져무믄 無知호ᄆᆞᆯ 가줄
비고 아비 ᄇᆞ료ᄆᆞᆫ 本覺 ᄇᆞ료ᄆᆞᆯ 가줄비고 다ᄅᆞᆫ 나라ᄒᆞᆫ 五道애 써
듀ᄆᆞᆯ 가줄비니 그럴씨 쉰 히예 니르다 ᄒᆞ니라 열 힌 스믈 히ᄂᆞᆫ 次
第로 써듀ᄆᆞᆯ 가줄비니라)

--월석 13:6b

b. 堂閣이 놀가 담과 ᄇᆞ롬괘 므르 드르며 긴 불휘 석고 보히며 믈리
기울어늘사 횟두루 ᄒᆞᄢᅴ 믄득 ᄇᆞ리 니러 舍宅이 븓더니 (모미 늘
거 受苦ㅣ 다와도ᄆᆞᆯ 가줄비시니라 지븨 堂閣舍宅이 잇고 舍宅애
담과 ᄇᆞ롬과 긴 불휘와 보콰 ᄆᆞᄅᆞ왜 잇ᄂᆞ니 다 서거…)

--월석 12:21b

(37)은 접속어미 '-니'에 후행하여 개입하는 제2형의 주석문들로 주석
문에 선행하는 절의 전체에 대해 주석한 것이다.

(37) a. 了別ᄒᆞᄂᆞᆫ 見聞覺知ㅣ 圓滿히 몰가 性이 所애 從티 아니 ᄒᆞᄂᆞ니
 (根性이 圓滿ᄒᆞ야 낳 고대 븓디 아니ᄒᆞᄂᆞ니라)

--능엄 3:104b

 b. 起信論애 닐오디 므스미 生滅은 如來藏ᄋᆞᆯ 브틀씨 生滅心이 잇ᄂ
 니 (生滅 아니ᄒᆞᄂᆞᆫ 므스미 無明ㅅ ᄇᆞᄅᆞᆷᄋᆞᆯ 因ᄒᆞ야 뮈여 生滅이 다
 욀씨 닐오디 生滅心이 生滅 아니ᄒᆞᄂᆞᆫ 므슬ᄆᆞᆯ 븓다 ᄒᆞ니라 그러
 나…)

--월석 11:54b>

 c. 남진 어러 ᄒᆞ마 도라간 주그며 사로ᄆᆞ로 ᄡᅥ 홀디니 (겨지븐 남진
 의 지블 제 집 사ᄆᆞᆯᄉᆡ 남진 어루믈 도라가다 ᄒᆞᄂᆞ니라) ᄒᆞ다가
 어즈러이 ᄒᆞ면 므쇼만도 ᄀᆞᆮ디 몯ᄒᆞ니라…

--내훈 2:3b

 d. 그 부톄 出家 아니ᄒᆞ야 겨싫 저긔 열여슷 아ᄃᆞ리 잇더니 그 第一
 이 일후미 智積이러니 (諸佛應ᄒᆞ시ᄂᆞᆫ 자최ᄂᆞᆫ 本來法表ᄒᆞ몰 爲ᄒᆞ시
 ᄂᆞ니 燈明이 出家 아니ᄒᆞ야 겨샤 여듧 아ᄃᆞ리 겨시며 大通이 出家
 아니ᄒᆞ야 겨샤 열여슷 아ᄃᆞ리 겨샤ᄆᆞᆫ 다 얼미오ᄆᆡ 잇ᄂᆞᆫ 八識ᄋᆞᆯ 表
 ᄒᆞ니라 아ᄅᆡᆫ 上根ᄋᆞᆯ 對ᄒᆞ야 正ᄒᆞ야 邪티 아니홀씨 여듧 사ᄅᆞ미오
 이ᄂᆞᆫ 下根ᄋᆞᆯ 對ᄒᆞ야 邪正이 섯글씨 열여스시 잇ᄂ 니라…)

--월석 14:14a

 (38)은 접속어미 '-니'에 후행하여 개입하는 제3형의 주석문들로 주석
문에 선행하는 텍스트에 대해 주석한 것이다. (38a)는 '-니'에 선행하는
절 '長者ㅣ 아ᄃᆞ리… 그 집 소배 잇-'까지만을 대상으로 한 것이 아니라
그 이전의 많은 문장들까지도 주석의 대상으로 하고 있다는 점에서 제3
형의 주석문 즉 텍스트를 대상으로 한 것이라고 할 수 있다. (38b)는 주

석의 대상이 구체적인 내용을 가진 텍스트는 아니지만 주석의 대상이
앞의 (38e,f)처럼 문맥의 범위를 넘어선 독립된 이야기를 대상으로 하고
있는 것이다. (38c)의 주석문 '菩薩이 前生애 지은 罪로 이리 受苦ᄒ시
니라'는 그에 직접 선행하는 절만을 대상으로 한 것이 아니고, '菩薩이
前生에 지은 罪로 여러 가지 受苦하는 상황을 묘사한 텍스트 전체를 대
상으로 한 것이다.

(38) a. 그 지븨 넙고 쿠디 다ᄆᆞᆫ ᄒᆞᆫ 門이오 사ᄅᆞ미 만ᄒᆞ야 一百 二百五百
사ᄅᆞ매 니르리 그에 잇더라 …(중략)… 長者ㅣ 아ᄃᆞ리 열히며 스
믈히며 셜흐네 니르리 그 집 소배 잇더니 (五百 사ᄅᆞᆷ 니르시고
ᄯᅩ 아ᄃᆞᆯ돌 니르샤ᄆᆞᆫ 사ᄅᆞᄆᆞᆫ 群生ᄋᆞᆯ 니르시고 群ᄋᆞᆫ 무리라 아ᄃᆞᆫ
敎化 좁ᄌᆞᆸᄂᆞ니롤 特別히 드러 니르시니라 열혼 菩薩ᄋᆞᆯ 니르시고
스믈 셜흔ᄂᆞᆫ 二乘니르시니라 알퓌 五趣예 오눌 니르시고 이 三乘
에 열흘 니르샤ᄆᆞᆫ 五趣衆生이 三乘敎化 조쯔ᄫᅥ리 열헤 ᄒᆞ나ᄯᆞ르
미라) 長子ㅣ 이 큰 브리 四面에 닐어늘 보고 ᄀᆞ장 두리여…

                                                               --월석 12:22b

b. 버건 六根이 미존 것 그르논 次第롤 뵈샤 미존 ᄆᆞᅀᆞ몰 글어 微妙
ᄒᆞᆫ 圓通ᄋᆞᆯ 얻게 ᄒᆞ샤 修行홂 眞實ㅅ 조ᅀᆞᄅᆞ월 사ᄆᆞ시니 (五
卷ᄋᆞ로 六卷ㅅ 가온디 니르리라)이 利根이 닷가 나ᅀᅡ갈 ᄒᆞᆫ ᄆᆞᄎᆞ미
라 이런ᄃᆞ로 阿難이 이에 니르러…

                                                               --능엄 1:21a

c. 이틄나래 나라해 이셔 도ᄌᆞ기 자최 바다가아 그 菩薩ᄋᆞᆯ 자바 남기
모몰 ᄢᅦᅀᆞᄫᅡ 뒀더니 (菩薩이 前生애 지은 罪로 이리 受苦ᄒ 시니
라) 大瞿曇이 天眼ᄋᆞ로 보고…

                                                                 --월석 1:6b

d. 度 몯ᄒᆞ니를 度케 ᄒᆞ며 解 몯ᄒᆞ니를 解케 ᄒᆞ며 安 몯ᄒᆞ니를 安케
　ᄒᆞ며 涅槃 몯ᄒᆞ니를 涅槃케 ᄒᆞ노니 (이는 부톄 道場애 처ᅀᅥᆷ 안ᄌ
　샤 敎化 나토시논 자최를 니르시며 衆生濟度홀 이를 니르샤 聖人
　니러나신 ᄠᅳᆮ 알에 ᄒᆞ샤ᄆᆞᆯ 니르시니라)

--월석13:49a>

지금까지 접속어미 '-니'에 후행하여 개입하는 주석문들을 살펴보았
는데 절대적인 출현 빈도수만을 대상으로 하면, 물론 제1형의 주석문이
많이 나타나는 편이다. 그러나 앞으로 살펴볼, 다른 접속어미에 후행하
여 개입하는 주석문보다는 상대적으로 제2형이나 제3형의 주석문이 훨
씬 많이 나타난다는 사실을 알 수 있었다. 따라서 접속어미 '-니' 다음
에는 상당히 긴 휴지가 놓이게 되어 이 어미가 의미 단락의 완결 기능
을 하고 있음을 파악할 수 있었다.

ㄷ) '-고 + 주석문'

(39)는 '-고'에 의해 접속되는 선행절과 후행절 사이에 주석문이 개입
된 것들로서 (39a,b)에 개입된 주석문은 제1형으로 선행절의 한 구성소
에 대한 것이고, (39c)에 개입된 주석문은 제2형으로 선행절 전체의 내
용에 대한 것임을 알 수 있다. 그런데 '-고'의 뒤에 개입되는 주석문의
종류는 빈도면에서 제1형이 압도적으로 많고 제2형이 간혹 있으며 제3
형은 전혀 나타나지 않고 있다. 따라서 접속어미 '-고'는 선행절과 후행
절 사이의 의미 단락을 완결시키지 않고 곧바로 연결시켜 주는 어미임
을 알 수 있다.[20]

---

20) 필자가 조사한 접속어미 '-고'에 후행하는 주석문은 총 117개인데, 대부분
　　제1형의 주석문이 후행하고 있다.

(39) a. 齋戒ᄒ야 힌 淨衣 닙고 (淨衣ᄂ 조ᄒᆫ 오시라)

--석상 24:42b

b. 남지니 겨지블 거느리디 몯ᄒ면　威儀ㅣ　ᄒ야디고 (威儀ᄂ 거동
이 싁싁ᄒ고 法 바담직홀시라)

--내훈 2:5b

c. 三界 어즈럽고 (三界 內옛 숨튼 거시 사ᄅᆞᆷ ᄃ외락 중ᄉᆡᆼ ᄃ외락 ᄒ
야 그지 업시 六趣예 두루 ᄃᆞᆯ닐씨 어즈럽다 ᄒ니라...)

--석상 3:20a

ㄹ) '-며 + 주석문'

(40)에 개입된 주석문은 제1형이고, (41)에 개입된 것은 제2형이며,
(42)에 개입된 것은 제3형이다. 필자가 조사한 '-며'에 후행하는 주석문
은 총 148개로 제1형과 제2형이 같은 비율로 우세하게 나타나고 제3형
만은 2개가 나타나고 있다. 따라서 접속어미 '-며'는 '-고'에 비해 상대
적으로 의미 단락이 큰 것을 연결시켜준다는 것을 알 수가 있지만[21] '-
니'에 비해서는 연결시켜 주는 의미 단락이 작다고 할 수 있다.

(40) a. 地肥ᄅᆞᆯ 머그며 (肥ᄂ 술질씨라)

--능엄 6:97a

b. 이 여러 戒의 根本이며 萬善의 樞機며 (樞ᄂ 지두리오 機ᄂ 弓弩
ㅅ 뼈오ᄂ 거시라)

---

21) 졸고(1987:51~54)에서 '-며'는 '-고'와는 달리 '문장확대능력'이 있다는 점을
밝혔다.

--능엄 6:19a

(41) a. 짜히 열여듧 相으로 뮈며 (짜히 ᄀ장 뮈면 열여듧 가짓 이리 잇ᄂ니 動과 起와 踊과 振과 吼와 擊과 여슷 가짓 이롤 各各 세 양ᄌ로 닐어 두루 뫼화 열여…)

--월석 2:13b

b. 眷屬 一萬 二千 天子 ᄃ려와 이시며 (諸天을 아니 다 니를쓴뎡 實엔 다왜쩌니라)

--석상 13:7a

(42) a. 이어긔 엇뎨 믄득 衆生이 니거뇨 ᄒ며(衆生이 無明 구디 민조ᄆ로 地大롤 感ᄒ야 마가 通티 몯ᄒ야 妙明을 ᄀ릴씨 諸佛이 得道ᄒ싫 제 다 짜홀 뮈우며 放光ᄒ샤 無明을 드위혀 ᄒ야ᄇ려 智光 나토샤몰 뵈시ᄂ니라…)

--월석 14:17b

b. 柳山애 겨샤도 說法ᄒ시며(柳山애셔 說法ᄒ샤미 부텨 나히 셜흔여스시러시니 穆王 열찻 히 己丑ㅣ라)

--석상 6:41a

ㅁ) '-면 + 주석문'

어미 '-면'에 의해 접속되는 선행절과 후행절 사이에도 주석문이 개입될 수 있다. 필자가 조사한 예문은 총 48개로 모두 제1형의 주석문이 개입되어 있다. (43)이 그 예이다.

(43) a. 太子ㅣ 너기샤ᄃ 여윈 모ᄆ로 菩提樹에 가면 (菩提樹는 부톄 그

나모 아래 안ᄌᆞ샤 菩提ᄅᆞᆯ 일우실씨 菩提樹ㅣ라 ᄒᆞᄂᆞ니라) 後ㅅ 사
ᄅᆞ미 긔롱ᄒᆞ더 주으료ᄆᆞ로 부텨 ᄃᆞ외다 ᄒᆞ리니…)

--석상 3:39b

b. 이 道士ㅣ 精誠이 至極ᄒᆞ단디면 (道士ᄂᆞᆫ 道理 비호ᄂᆞᆫ 사ᄅᆞ미니 菩
薩ᄋᆞᆯ 술ᄫᅵ니라) 하ᄂᆞᆯ히 당다이 이 피ᄅᆞᆯ 사름 ᄃᆞ외에 ᄒᆞ시리라

--월석 1:7b

ㅂ) '-늘 + 주석문'

(44~45)에 개입된 주석문은 모두 제1형으로 (44)는 단어를 대상으로
한 것이고, (45)는 語句를 대상으로 한 것이다. 특히 (44c, d)의 주석문
은 선행절의 한 단어를 주석한 것이 아니고, 그 단어가 가진 내용을 상
세히 설명하고 있다는 점에서 문장을 주석한 (46)의 주석문과 큰 차이
가 없다. 접속어미 '-늘'이 [조건], [상황], [반응] 등의 다양한 의미 기능
을 수행하며 접속어미 '-니'처럼 때로 의미 단락의 완결 기능을 하기도
한다. '-늘'이 보여주는 명사적 용법을 근거로 'ㄴ(동명사형어미) + 올(대
격조사)'로 재분석될 수 있다는 논의도 있는데, 고려본 차자구결 자료를
대상으로 한 최근의 연구22)에서 그 타당성을 확인할 수 있다.

(44) a. 結使ㅣ 스러디거늘 (結은 한 煩惱애 얽ᄆᆡ일 씨오 使ᄂᆞᆫ 브릴 씨니

---

22) 이승재(1992, 1993, 1994) 등의 일련의 논의가 참고된다. 이승재(1992)에서는
   전기 중세국어의 자료, 특히 고려 초기의 이두문에서 '-ㄹ(乙)'이 접속어미
   '-늘'의 기능을 하고 있음을 밝혔는데, 접속어미 '-니'가 전기 중세국어에서
   는 발달되지 않았고, 그 기능을 동명사형어미 '-ㄴ(ㄱ)'이 대신했었다는 3장
   에서의 논의와 관련이 있다. 문제는 '-ㄹ(乙)'을 대격조사 '-ㄹ'로 볼 것인가,
   동명사형 어미 '-ㄹ'로 볼 것인가이다. 이것은 본 연구의 범위를 넘어서는
   것이므로 관련성만을 지적한다.

煩惱이 브류미 ᄃᆞ욀 씨라) 世尊이 說法ᄒᆞ시니…

--석상 11:3a

b. 올ᄒᆞᆫ 녁 피는 女子ㅣ ᄃᆞ외어늘 (女子는 겨지비라)

--월석 1:8a

c. 經과 佛像과 舍利를 白馬애 시러나오거늘 (經은 즈릆길히니 經비
화 부텨 ᄃᆞ외욤 샬로미 먼 길헤 즈릆길 ᄀᆞ톨씨 經이라 ᄒᆞᄂᆞ니 이
經은 四十二章經이라 像ᄋᆞᆫ ᄀᆞ톨씨니…)

--월석 2:66a

d. ᄒᆞᆫ 소리로 偈를 술ᄫᅩ더 (이 偈ᄂᆞᆫ 授記를 請ᄒᆞᅀᆞᄫᆞ니라 法說에 닐
오디 千二百羅漢이 다 부톄 ᄃᆞ외리라 ᄒᆞ시니 記 주믈 ᄒᆞ마 ᄆᆞ츠샤
더 이에 各別히…

--월석 13:64a

(45) a. 더욱 두리여 것ᄆᆞᆯ 주거 ᄯᅡ해 디거늘 (아비 아ᄃᆞᆯ ᄃᆞ려 오라 호ᄆᆞᆫ
實로 親히 호려커ᄂᆞᆯ 아ᄃᆞ리 놀라 것ᄆᆞᆯ 주그니 제 ᄇᆞ료미니 二乘
이 처ᅀᅥᆷ 華嚴 듣ᄌᆞᆸ고 頓敎說法에

--월석 13:16b

(46) a. 샬리 ᄃᆞ라가거늘 (二乘이 佛果앳 萬德種智ㅅ 이를 처ᅀᅥᆷ 듣고 져근
이레 迷惑ᄒᆞ야 큰 일 두류믈 가줄비니라…)

--월석 13:13a

b. 내 숤가락 눌루메 海印發光이어늘 (如來ㅅ 法身性海예 一切 世間
ㅅ 相이 다 現호믈 가줄비시니라)

--능엄 4:54a

c. (그제 한 사ᄅᆞ미) 便安호 ᄆᆞᅀᆞ몰 내야놀 (져근 法 즐기고 큰 法니
  주미라) 그ᄢᅦ

--월석 14:77b

2) '-니'와 삽입구

개 '-니 + 슬프다'

다음의 (47)의 형용사구 '슬프다'는 두 가지로 나누어 볼 수 있다. 먼
저 (47a)는 선행절의 내용이 원인이 되어 '슬프다'는 감정이 결과로 나
타나는 형용사구 '슬프다'로 이 '슬프다' 자체가 후행절을 이루는 것으로
볼 수 있다. (47b)는 선행절의 내용이 후행절의 결과에 대한 이유가 된
것은 (47a)와 같지만, '슬프다' 자체가 후행절을 형성하지 못하고 후행절
의 문두 부사처럼 쓰여 의미상으로는 선행절과 후행절 사이에서 감탄사
혹은 삽입구의 역할을 한다.

(47) a. 그런ᄃᆞ로 風俗을 조차 奢侈ᄒᆞ며 華비 아니ᄒᆞ리 져그니 슬프다

--내훈 3:56b

b. 되삿기 님금 恩澤을 져ᄇᆞ리니 슬프다 너희 大平ᄒᆞᆫ 젯 사ᄅᆞ미러니
  라

--두초 11:47a

c. (남도) 샹녜ᄅᆞᆯ이 너기ᄂᆞ니 슬프다 더러운 미햇 사ᄅᆞ미 시혹 첫 거
  상애 럼殯티 몯ᄒᆞ야셔도 (… ~ᄒᆞ거든 … ~니라)

--내훈 1:62a

나) '-니 + 願훈둔'

(48)의 경우에 '願훈둔'은 생략되어도 의미 파악에 장애가 없다. 따라서 이때의 '願훈둔'은 '슬프다', '오호라', '차홉다' 등과 같은 감탄사구로 일종의 삽입구 역할을 한다. 이러한 삽입구 역할을 하는 요소가 선행절과 후행절 사이에 개입된다는 것은 '-니'에 의해 연결된 접속문의 경우에 의미 단락이 '-니' 다음에 완결되고 일정한 휴지를 두고 연결된다는 것을 의미한다.

(48) a. 내 이 고줄 나소리니 願훈둔 내 生生애 그딋 가시 두외아지라

--월석 1:11b

   b. 世尊하 내 이제 多寶佛ㅅ모물 보숩고져 호노니 願훈둔 世尊하 나 룰 보숩게 호쇼셔

--석상 20:44a

다) '-니 + 셜볼써'

(49a)는 "우리 佛大師께서 이미 涅槃하신 지 이레[七日] 지나시어 棺에 들어 계시오니 셟도다 셟도다 如來께 어서 가뵈야 하리로다" 정도의 의미를 갖는데 '셟도다 셟도다'에 해당하는 '셜볼써 셜볼써'는 생략되어도 문맥 의미를 파악하는 데 지장이 없는 일종의 '삽입구'이다.

(49) 우리 佛大師ㅣ 호마 涅槃호산디 닐웨디나샤 棺애 드러겨시도소니 셜 볼써 셜볼써 如來끠 어서 가슴뱌사 호리로다

--석보 23:40a

3) 접속어미 '-니'와 종결어미 '-라'

세조 조에 현토된 법화경 구결 자료(법화A라 부름)와 같은 시기에 간행된 법화경언해(법화B라 부름)를 비교해 보면 다음 (50~53)과 같이 접속어미 '-니'와 종결의 어미구조체 '-니라'가 교체적으로 쓰이고 있음을 알 수 있다.

(50) a. 妙而無鹿矣ㄴ·

--법화 A 1:1b

　b. 妙코 鹿ㅣ <u>업스니</u>

--법화 B 1:4a

(51) a. 所以發妙法端緖也ㄴㅈ·

--법화A 1:12a

　b. 妙法 그틀 發ㅎ샤미니

--법화B 1:55b

(52) a. 助發其緖也ㄴ

--법화A 1:4b

　b. 그 그틀 도아 <u>니르와드시니라</u>

--법화B 1:16b

(53) a. 歌一乘ソㄴㄴ

--법화A 1:10b

b. 一乘을 <u>브르ᄂ니라</u>

--법화B 1:49a

(50~51)은 법화A의 종결의 어미구조체 '-ㄴㆍ(니라)'에 법화B의 접속 어미 '-니'가 대응함을 보여주는 것이고, (52~53)은 역으로 법화A의 접속어미 '-ㄴ(니)'에 법화B의 종결의 어미구조체 '-니라'가 대응하고 있음을 보여주는 것이다. 이는 법화A에 吐를 단 사람과 법화B를 언해한 사람의 경전 해석 방식이 달랐음에 기인한다고 할 수도 있다. 경전을 이해하는 사람에 따라 완결된 문장으로 종결시킬 수도 있고, 종결시키지 않고 다음 서술 내용에 연결시켜 해석할 수 있다는 뜻이다. 그런데 문제는 종결의 어미구조체 '-니라'에 왜 접속어미 '-니'만이 대응하느냐 이다. 여기서 다음과 같은 두 가지 가정을 할 수 있다. 첫째, 차자 구결에서는 '-ㄴㆍ(니라)'의 경우에 흔히 표기상으로 '-ㆍ(라)'가 생략되어 쓰이기도 한다는 점을 고려하여 종결의 자리에 쓰인 '-ㄴ(니)'는 모두 '-ㄴㆍ(니라)'의 '-ㆍ(라)'가 표기상 생략된 것으로 보는 방법이다. 이는 후기 중세국어의 경우에 'ᄒᄂ니라'에서 종결의 '-라'가 생략된 상태('ᄒᄂ니')로 문장의 종결 기능을 할 수도 있다는 것을 고려한 것이다. 그러나 후기 중세국어에서 '-니', '-리'가 종결 기능을 하는 것은 특수한 경우에만 가능하였다. 즉 시가와 같은 경우에 종결 요소를 생략함으로써 여운의 효과를 거둔다든가 회화체의 경우에 종결의 요소를 생략함으로써 [반말]의 기능을 수행하였다. 그리고 (52~53)과 같이 언해문(법화B)의 '-니'에 구결문(법화A)의 '-ㄴㆍ(니라)'가 대응한다는 사실을 고려하면, 이때의 '-니'는 접속어미로 보아야 한다. 따라서 종결의 어미구조체 '-니라'에서 '-라'가 생략된 것이 아니고 종결어미 '-라'와 접속어미 '-니'가 교체되어 쓰이는 것이라고 할 수 있다. 이러한 사실은 종결어미 '-라'에 대체될 수 있는 접속어미는 '-니'밖에 없는 것이고, 이는 곧 '-니'가 종결어

미는 아니지만 의미상으로 종결어미와 같은 기능(특히 의미 단락의 완결 기능)을 수행할 수 있음을 뜻하는 것이다.

2. 종결어미 '-니'의 의미

'-니'가 종결어미와 유사한 기능을 보인다는 것은 졸고(1989)에서 지적된 바 있다. 후기 중세국어의 모든 '-니'가 종결의 기능을 보이는 것은 아니고, 일부의 환경에서 명사문 종결의 기능을 하고 있다. 이에는 다음과 같은 두 가지 유형이 있다.

　　① 시가의 종결에 쓰이는 '-니'
　　② 반말의 종결에 쓰이는 '-니'

(54)는 시가에서 종결의 기능을 하는 '-니'의 예문들이고, (55)는 일상 회화체에서 반말의 기능을 하는 '-니'의 예문들이다.

　　(54) a. 곶 됴코 여름 <u>하느니</u>

　　　　　　　　　　　　　　　　　　　　　--용비 2장

　　　　b. (如來) *娑婆界*에 *妙法*을 <u>펴시느니</u>

　　　　　　　　　　　　　　　　　　　--월석 14:6 기 239

　　　　c. 둘히 히미 달오미 <u>업더니</u>

　　　　　　　　　　　　　　　　　　　--천강곡 상, 기 39

d. 右脇誕生이 四月 八日이시니

--월석 2:34, 기 19

e. 五百 前世 怨讐ㅣ … 精舍롤 디나아 가니

--월석 1:2 기 3

(55) a. 俱夷 묻주ᄫᅡ샤디 므스게 쓰시리

--월석 1:10

b. 부텻긔 받ᄌᆞᄫᅡ 므슴ᄒᆞ려 ᄒᆞ시ᄂᆞ니

--월석 1:10

필사는 이숭녕(1981)의 논의에 따라 이들을 둘로 나누어 논의해야 한다고 생각한다. 즉 (55)는 회화체의 경우로 시가의 예인 (54)와는 다른 차원에서 다루어야 한다. (55b)의 'ᄒᆞ시ᄂᆞ니'는 노래가 아니고 회화체의 경우로, 'ᄒᆞ시ᄂᆞ니이다'에서 '-이-(공손법어미) + 다(어말어미)'의 형식을 생략함으로써 상대방에게 언어적 예의를 다 갖추지 않기 때문에 [반말]의 효과를 가지는 것으로 본다. 하지만, (54)의 경우에는 문맥상 반말이 쓰일 환경이 아닌 점에서 차이가 난다. 이는 앞으로 논의할 선어말어미 '-니-'의 의미 분석과도 관련된다.

따라서 앞(2-1. 2)에서 논의한 대로 '-ㄴ(관형사형어미) + 이(의존명사)'로 재분석되는 종결어미 '-니'의 의미는 '-ㄴ'이 발화된 다음의 시점을 기준으로 [결정·완료]로 인지된 선행서술을 [정지된 상태]로 만들어 [종결]하는 것을 나타낸다.

3. 선어말어미 '-니-'의 의미

후기 중세국어의 선어말어미 '-니-'는 '-리-'와 함께 경우에 따라 종결어미의 기능도 할 수 있다는 점이 일찍부터 지적되어 왔고, 음운론적인 특징상 이들 어미에 계사 '-이'가 분석된다는 점과 결합적인 특징으로 [서술]과 [의문]의 종결어미와만 결합될 수 있다는 점 때문에 이에 대한 형태 분석이 논의의 대상이 되었다.

(56) a. 녀느 쉰 아히도 <u>出家ᄒᆞ니라</u>

--석보 6:10

b. 늘구메 帷幄ᄒᆞ얌직 <u>ᄒᆞ니아</u>

--두초 6:31

c. 寂寂호미 일후미 긋거늘 엇뎨 法身이라 <u>일훔지ᄒᆞ뇨</u>

--월석 서:5

d. 고본 사ᄅᆞᆷᄃᆞ려 道 니ᄅᆞ디 몯ᄒᆞ몬 ᄀᆞᄅᆞ쵸매 뭇겨 <u>의실쎤니라</u>

--법화 3:156

(57) a. 佛은 <u>부톄시니라</u>

--석보, 서:1

b. 一分으란 多寶佛塔씌 <u>받ᄌᆞ오시니라</u>

--법화 7:84

c. 秦 ᄯᅡ해ᄂᆞᆫ 당당히 <u>새ᄃᆞ리어니라</u>

--두초 6:11

d. 또 니르라 무츠매 <u>엇더호도소뇨</u>

--몽산:52

e. 하눓 고지 <u>드르니이다</u>

--월석 2:17

f. 如來 어듸 <u>겨시니잇고</u>

--월석 21:192

(58) a. 호다가 잇ᄂ닌댄… 엇뎨 論量호며 호다가 업스닌댄… 엇뎨 祖師ㅣ
업스리오

--몽산:62

[확인]의 선어말어미 '-니-'는 종결어미와만 결합하는 선어말어미로서 용비어천가와 같은 시가에서 종결어미를 생략한 채 종결의 기능을 대신할 수 있다. 또한 [미정]의 시상 선어말어미 '-리-'가 똑같은 특징을 보여준다. 이들의 공통점은 이 형태들이 기원적으로 모두 '명사성'을 지닌 동명사형어미 '-ㄴ'과 '-ㄹ'을 구성 요소로 가지고 있다는 것이다.

'-니-'에서 [확인]의 시상 의미가 남아 있고, '-리-'에서 [미정]의 시상 의미가 남아 있음을 고려하면, '-ㄴ'과 '-ㄹ'은 다음과 같은 공통점과 차이점을 갖는다고 할 수 있다. 즉 통사적인 기능면에서는 모두 서술어에 대립되는 체언의 기능을 수행할 수 있는 반면에, 시상이라는 면에서는 차이를 보인다. 즉 동명사형어미 {-ㄴ}는 '선행 서술을 부정한 [대립]을 [전제]하고 발화된 바로 다음 시점을 기준으로 선행 서술이 [앎]과 [존재]의 세계에서 [결정된 상태]를 [지속]으로 인지되었다는 의미'를 나타낸다. 동명사형어미 {-ㄹ}은 '선행 서술을 부정한 [대립]을 [전제]하고 발화된 바로 다음 시점을 기준으로 선행서술이 [모름]과 [비존재]의 세

계에서 [미정·미완료] 곧 [예정·가능]으로 인지되었다는 의미'를 나타
낸다.23)

　　결국 '-ㄴ'은 [앎]과 [존재]의 세계에서 [결정된 상태]의 [지속]의 의미
를 가짐으로써 [확인]의 기능과 관련을 맺는다. '-ㄹ'은 [모름]과 [비존
재]의 세계에서 [미정·미완료] 곧 [예정·가능]으로 인지되는 의미를 가
짐으로써 [미정]의 선어말어미로 기능을 하고 있다고 할 수 있다.

　　따라서 '-ㄴ(관형사형어미) + 이(의존명사) + 이(계사)'로 재분석되는 선
어말어미 '-니-'의 의미는 '-ㄴ'이 발화된 다음의 시점을 기준으로 [결
정·완료]로 인지된 선행 서술을 [정지된 상태]로 만든 다음에 다시 [서
술]하는 것을 나타낸다.24)

---

23) 서태룡(1988:68) 참고.
24) 서태룡(1988:172) 참고.

제5장

결 론

이상과 같이 본 연구는 후기 중세국어의 어미 '-니'를 대상으로 하여 형태 분석을 시도하고 이를 바탕으로 통사·의미 기능을 체계적으로 기술하였다. 또한 이러한 공시적인 연구를 근거로 하여 회고적 연구 방법으로 전기 중세국어의 어미 '-니'에 대한 변화 과정을 역추적하였다. 그 결과를 요약하는 것으로 결론을 대신한다.

2장에서 논의한 바를 요약하면 다음과 같다.

1. 후기 중세국어의 접속어미 '-니'는 다음과 같은 형태상의 특징을 근거로 명사구 구성 'ㄴ(관형사형어미) + 이(의존명사)'에 기원을 둔 것으로 보았다.

   1) '-거니ᄯᅡ녀' : 거(선어말어미) + ㄴ(관형사형어미) + 이(의존명사)

+ 이(계사) + 산녀(종결어미구조체)

2) '-거니와' : 거(선어말어미) + ㄴ(관형사형어미) + 이(의존명사) +
와(보조조사)

3) '-노니' : 노(선어말어미) + 오(선어말어미) + ㄴ(관형사형어미) +
이(의존명사)

4) '-니… -니'의 구성에서 '-니'는 '-ㄴ(관형사형어미) + 이(의존명
사)'라는 명사구를 [반복]함으로써 [나열]의 의미가 파생된다.

2. 후기 중세국어의 종결어미 '-니'는 다음과 같은 형태상의 특징을
근거로 명사구 구성 'ㄴ(관형사형어미) + 이(의존명사)'에 기원을 둔
것으로 보았다.

1) 시가의 경우에 '-니'가 종결의 기능을 하기도 하는데, 기존의
논의에서는 이때의 '-니'를 [확인]의 의미를 갖는 선어말어미로
보고 있다. 예를 들어 '흐느니라'에서 표면상 '-라'가 생략되어
선어말어미 '-니-'가 종결의 기능을 대신한다는 것이다. 그러나
본 연구에서는 선어말어미 '-니-'를 'ㄴ(관형사형어미) + 이(의존
명사) + 이(계사)'로 재분석하여 종결의 기능을 하는 것은 선어
말어미 '-니-' 자체가 아니라 계사 '-이'까지 생략되고 남은 'ㄴ
(관형사형어미) + 이(의존명사)'의 구성에서 기원한 명사문 종결
어미로 보았다.

2) 회화체의 경우 종결 요소를 생략함으로써 상대방에게 언어적
예의를 다 갖추지 않기 때문에 [반말]의 효과를 가지는 것이

있는데, 이때의 '-니'는 '-ㄴ(관형사형어미) + 이(의존명사)' 명사
구 구성이 그대로 유지된 채 명사문 종결의 기능을 하는 것으
로 보았다.

3. 선어말어미 '-니-'는 다음과 같은 특징을 근거로 명사구 구성의
   'ㄴ+ 이'에 다시 계사 '-이'가 결합하여 선어말어미로 어미화된
   것으로 보았다.

   1) 음운상 : 선어말어미 '-니-'에 후행하는 종결어미 '-다'는 필수
      적으로 '-라'로 교체된다. 따라서 '-니-'에서 계사 '-이'가 분석
      된다. 또한 계사가 결합될 수 있다는 사실은 '-니-'와 명사구와
      의 관련성을 시사한다.
   2) 의미상 : 'ᄒᆞ니라'는 'ᄒᆞᆫ 것이라'의 의미로 해석될 수 있다.
   3) 재분석 결과 : 'ㄴ(관형사형어미) + 이(의존명사) + 이(계사)'

3장에서 논의한 바를 요약하면 다음과 같다.

1. 전기 중세국어의 어미 '-니'와 그와 관련된 동명사형어미에 대해
   분류하면 다음과 같다.

   1) 구역인왕경의 동명사형어미 '-ㄱ(ㄴ)'과 'ㆆ(ㄹ)'의 통사 기능에
      따른 분류

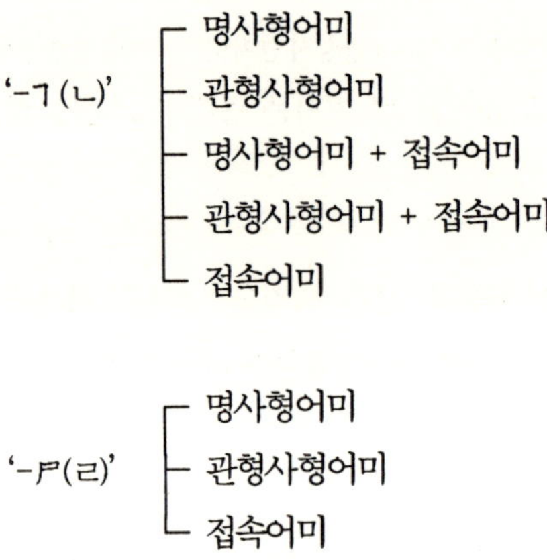

2) 화엄경과 유가사지론의 동명사형어미 '-ㄱ(ㄴ)'과 '-ㅭ(ㄹ)'의 통사 기능에 따른 분류

'-ㄱ(ㄴ)'
명사형어미
관형사형어미

'-ㅭ(ㄹ)'
명사형어미
관형사형어미

3) 구인과는 달리 화엄에서는 '-ㅭ(ㄹ)'이 접속어미로 쓰인 예가 나타나지 않는다. 구인에서도 하나의 예를 제외하고 대부분의 '-ㅭ(ㄹ)'이 명사형어미나 관형사형어미로 쓰이고 있다. 이는

후기 중세국어에서 어미 '-니' 뿐 아니라 '-곤'이나 '-(거)늘' 등과 대응되는 '-ㄱ(ㄴ)'과는 차이가 있다.

4) 화엄경에서는 한두 예에 불과하지만 접속어미 '-ㅌ(니)'가 처음으로 쓰이기 시작한다.

2. 향가의 동명사형어미 '-ㄴ(ㄱ)'과 그와 관련된 형태들을 분석한 결과는 다음과 같다.

1) 향가의 표기에 나타나는 '-ㄴ(隱)'은 다음과 같이 4가지로 나누어 볼 수 있다.

가) 명사형어미(文證되지는 않음)
나) 관형사형어미
다) 관형사형어미 + 접속어미
라) 접속어미

2) 향가 표기에 유일하게 '우적가'에서만 나타나는 '-니(尼)'는 명사구 구성의 'ㄴ + 이'로 추정된다.

3. 안동본 능엄경 순독구결의 표기법을 검토한 결과는 다음과 같다.

ノ기ᄆᆞ   ⇒   ノ기ᄒᆞ   ⇒   ノᄒᆞ

(분철 표기)   (중철 표기)   (연철 표기)

1단계   2단계   3단계

통사론적 구성의 단계   ⇒   형태론적 구성의 단계

4장에서 논의한 결과를 요약하면 다음과 같다.

1. 접속어미 '-니' 의 의미는 관계 의미와 기본 의미로 나누어 설명하였다.

1) 접속어미 '-니'의 관계 의미는 다음과 같이 분류할 수 있다.

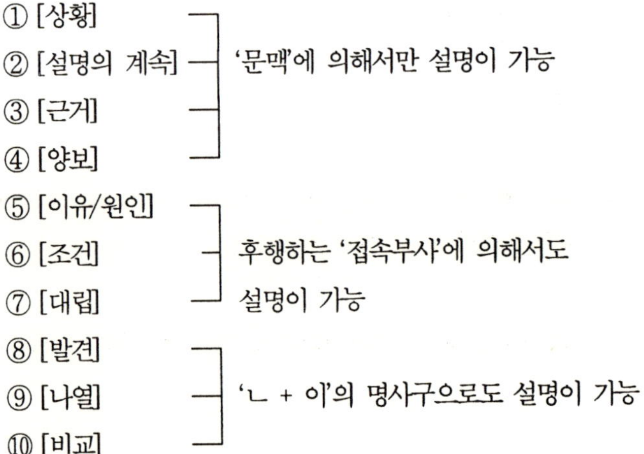

2) 접속어미 '-니'의 기본 의미는 '-ㄴ(관형사형어미) + 이(의존명사)'
   의 명사구 구성에서 [전제]의 접속어미로 어미화된 것이다. 그
   어미화의 과정은 다음과 같이 두 가지 방향에서 이루어진 것으
   로 추정된다.

가) 제1방향

① [나열] : 명사구 '-ㄴ(관형사형어미) + 이(의조명사)'의 단순한
   반복에 의해서 [나열]의 의미가 파생된다.
② [비교] : 단순한 [나열]에서 서술 내용이 차등으로 나열됨으
   로써 [비교]의 의미가 파생된다.
③ [전제] : [비교]의 초점이 후행절에 놓이게 됨으로써 선행절
   의 '-니'에 자연스럽게 [전제]의 의미가 파생된다. '-ㄴ +이'
   구성이 접속어미로 어미화의 길을 걸으면서 이 [전제]의 의
   미가 기본 의미로 자리잡게 된다. 기타 [근거], [이유/원인],
   [조건], [양보], [대립] 등의 의미는 모두 이 [전제]의 의미에
   서 파생된다.

나) 제2방향

① [확인] : 선어말어미 '-니-'에서 재분석되는 'ㄴ(관형사형어미)
   + 이(의존명사)'의 '-ㄴ'은 선어말어미 '-리-'에서 재분석되는
   [미정]과 대립되는 [확인]이란 의미를 갖는다.
② [발견] : 선어말어미 '-니-'에서 파악되는 [확인]에서 발전하

여 접속어미 '-니'는 선행 서술 내용을 [확인]하고 후행절의 결과를 우연히 [발견]하는 의미를 갖게 된다. 이 [발견]의 의미에서 [상황], [설명의 계속] 등의 의미들이 파생되고 이어서 [전제]의 의미로까지 파생되어 나간다.

2. 접속어미 '-니'의 통사적 제약

1) 선·후행절 주어와의 제약에서 [전제]의 의미를 보일 때는 아무런 제약이 없으나, [발견]의 의미를 보일 때는 선·후행절의 주어가 반드시 달라야 한다.

2) 선행절의 서술어와의 제약에서 [전제]의 의미를 보일 때는 서술어에 아무런 제약이 없으나 [발견]의 의미를 나타낼 때는 항상 동사와만 결합할 뿐 아니라 '-오-'를 제외한 경어법, 시상법, 감동법 등의 요소도 그 앞에 결합시키지 않는다는 제약을 가지고 있다.

3. 접속어미 '-니'의 의미 단락의 완결 기능

다른 접속어미와는 달리 접속어미 '-니'는 종결어미처럼 의미 단락의 완결 기능을 갖는데, 다음과 같은 사실을 통하여 확인할 수 있다.

1) 접속어미 '-니' 다음에 [이유/원인]의 접속부사 '그럴씬, 그런드로', [조건]의 접속부사 '그러면', [대립]의 접속부사 '그러나' 등

이 올 수 있다는 사실로부터 이 접속어미 '-니'에 고유한 의미 기능이 있는 것이 아니라 'ㄴ + 이'라는 구성이 명사문 종결의 기능을 하면서 '-니' 앞에서 선행절의 의미 내용이 일단 완결되었다가 후행절에 연결되는 것으로 볼 수 있다.

2) 한문 원문이 있고 이를 언해한 경우에는 본문과 본문 사이에 주석문이 삽입된다. 주석문이 삽입되는 환경은 단어의 뒤, 어구의 뒤, 절의 뒤, 문장의 뒤, 텍스트의 뒤 등으로 다양한데, 접속어미 '-니'의 경우에는 접속어미 '-니'와 후행절 사이에 주석문이 삽입된다. 이때 삽입되는 주석문을 분석한 결과는 다음과 같다.

가) 접속문의 선·후행절 사이에 삽입되는 석문을 분류하면 다음과 같다.

① 제1형 : 단어 및 어구에 대한 주석문
② 제2형 : 문장에 대한 주석문
③ 제3형 : 텍스트(text)에 대한 주석문

나) 접속어미 '-니' 뒤에는 제3형의 주석문이 상대적으로 많이 나타난다. 이러한 사실로부터 접속어미 '-니'는 의미 단락의 완결 기능을 수행함을 알 수 있다. 즉 접속어미 '-니'가 선행의 텍스트 전체를 일단 완결시킨 다음 주석문으로 보충·설명하고, 후행의 텍스트(후행의 본문의 내용)에 연결시

키는 기능을 한다.

3) 접속어미 '-니'에 의해 접속되는 선행절과 후행절 사이에는 생
   략되어도 맥에 크게 지장을 주지 않는 삽입구가 개재되어 선
   행절의 내용을 일단 완결시킨 다음 후행절의 내용에 연결시켜
   준다. 이때 삽입구가 들어가서 의미를 단락시켜 주는 환경은
   대부분 접속어미 '-니' 다 음이고, 일부의 '-거늘'과 '-면' 다음
   에 삽입구가 들어간다. 이와 같은 사실을 바탕으로 접속어미
   '-니'의 의미 단락의 완결 기능을 확인할 수 있다.

4) 흔히 종결어미 '-라'와 접속어미 '-니'가 교체되어 쓰인다. 이러
   한 사실은 종결어미 '-라'에 대체될 수 있는 접속어미는 '-니'
   밖에 없고, 이는 곧 '-니'가 종결어미는 아니지만 의미상으로
   종결어미와 같이 의미 단락의 완결 기능을 수행할 수 있음을
   뜻하는 것이다.

4. 종결어미 '-니'의 의미

'-니'가 시가에서 종결의 기능을 보이기도 하고, 일상 회화체에서 반
말의 기능을 보이기도 한다. 시가의 경우에 쓰이는 '-니'는 명확히 문장
을 끝맺지 않고 [여운]을 남기는 특이한 종결어미 기능을 하고, 회화체
에 쓰이는 '-니'는 종결 요소를 생략함으로써 상대방에게 언어적 예의를
다 갖추지 않기 때문에 [반말]의 효과를 갖는다. 시가에서건 회화체에서
건 종결의 기능을 보이는 '-니'는 '-ㄴ(관형사형어미) + 이(의존명사)'에서

어미화를 겪은 것으로 그 의미는 [결정·완료]로 인지된 선행 서술을 [정지된 상태]로 만들어 [종결]하는 것을 나타낸다.

5. 선어말어미 '-니-'의 의미

'-ㄴ(관형사형어미) + 이(의존명사) + 이(계사)'로 재분석되는 선어말어미 '-니-'의 의미는 '-ㄴ'이 발화된 다음의 시점을 기준으로 [결정·완료]로 인지된 선행 서술을 [정지된 상태]로 만든 다음에 다시 [서술]하는 것을 나타낸다.

[참고문헌]

고영근(1961), '석보상절과 월인석보와의 한 비교', 한글 128.

고영근(1965), '현대국어의 서법체계에 대한 연구', 국어연구 15.

고영근(1967), '현대국어의 선어말어미에 대한 구조적 연구', 어학연구 3-1.

고영근(1975), '현대국어의 어말어미에 대한 구조적 연구', 응용어학 7-1.

고영근(1978), '형태소 분석의 한계', 언어학 3.

고영근(1980), '중세국어의 어미활용에 나타나는 '거/어'의 교체에 대하여', 국어학 9.

고영근(1981), 중세국어의 시상과 서법, 탑출판사.

고영근(1987a), 표준 중세국어 문법론, 탑출판사.

고영근(1987b), 표준 국어문법론, 탑출판사.

고영근(1990), '문장과 이야기의 관련성에 관한 연구--중세어를 중심으로, 관악어문연구 15, 서울대 국문과.

고영근(1991), '불연속형태에 대한 논의', 서울대 대학원 국어연구회 편,

국어학의 새로운 인식과 전개, 민음사.

구현정(1989), '현대국어의 조건월 연구', 건국대 박사논문. .

권재일(1984), '현대국어 복합문 구성에 관한 연구', 서울대 언어학과 박사논문.

권재일(1985), '중세 한국어의 접속문 연구', 김방한 선생 회갑기념논문집, 역사언어학, 전예원.

권재일(1987), '문법형태소의 성격', 국어학 신연구(Ⅰ), 탑출판사.

권재일(1990), 한국어 통사론, 민음사.

권재일(1994), 한국어 문법의 연구, 서광학술자료사.

김동소 역(1985), 알타이어형태론개설, 민음사.

김동식(1986), '선어말 {-느}에 대하여', 언어 13.

김두찬(1987), '고려판 남명집의 구결 연구', 단국대 박사논문.

김문웅(1986), 15세기 언해서의 구결연구, 형설출판사.

김상대(1985), 중세국어 구결문의 국어학적 연구, 한신문화사.

김송원(1989), '15세기 중기국어의 접속어 연구', 건국대 박사논문.

김승곤(1978), '연결어미 {니까}, {아서}, {므로}, {매}의 쓰임에 대하여', 인문과학논총 11, 건국대학교 인문과학연구소

김승곤(1980), '연결형 어미 '-니까'와 '아서'의 화용론', 남광우 박사 화갑기념논총.

김승곤(1981), '한국어 연결형 어미의 의미 분석 연구(Ⅰ)', 한글 173-174, 한글학회.

김승곤(1986), 한국어 통어론, 아세아문화사.

김승곤(1989), 우리말 토씨 연구, 건국대학교 출판부.

김영희(1987), '국어의 접속문', 국어생활 11, 국어연구소

김영희(1988), '등위접속문의 통사적 특성', 한글 201. 202, 한글학회.

김완진(1957), '-n,-l 동명사의 통사론적 기능과 발달에 대하여', 국어연구 2, 국어연구회(홍문각 영인본).

김완진(1980), 향가해독법 연구, 서울대학교 출판부.

김진수(1987), 국어 접속조사와 어미 연구, 탑출판사.

김흥수(1980), '인과 구문의 해석', 국어문학 22, 전북대 국어국문학회.

남기심(1985), '접속어미와 부사형 어미', 말 10집, 연세대학교 한국어학당.

남기심/Lukoff. F.(1983), '논리적 형식으로서의 '-니까'의 구문과 '-아서'의 구문, 국어의 통사·의미론, 탑출판사.

남기심(1994), 국어 연결어미의 쓰임, 서광학술자료사.

남윤진(1990), '15세기 국어의 접속어미에 대한 연구--{-아}, {-고}, {-며}를 중심으로', 국어연구 63.

남풍현(1971a), 'ᄒ다가' 效--국어에 미친 중국어의 문법적 영향에 의한 유형', 어학연구 7-1.

남풍현(1971b), '15세기 문헌에 나타난 중국어의 문법적 영향과 호응관계 형성에 관한 고찰', 한양대 논문집 제5집.

남풍현(1971c), '국어에 미친 중국어 인과관계 표현법의 영향', 김형규 박사 송수기념논총.

남풍현(1972), '두시언해 주석문의 '-로-'에 대한 고찰 : 국어에 미친 한어의 문법적 영향을 중심으로', 단국대 논문집 6.

남풍현(1973), '두시언해 주석문의 문법적 고찰', 동양학 3.

남풍현(1976), '국어 부정법의 발달', 문법연구 3.

남풍현(1977), '국어 처격조사의 발달', 이숭녕 선생 고희기념 국어국문학논총.

남풍현(1980), 'ㅁ訣과 吐', 국어학 9.

남풍현(1986), '구역인왕경의 구결에 대하여', 국어학 신연구(약천 김민수 교수 화갑기념).

남풍현(1987), '중세국어의 과거시제어미 '-드'에 대하여', 국어학 16.

남풍현(1990a), '高麗末·朝鮮初期의 口訣 硏究', 진단학보 69.

남풍현(1990b), '高麗時代의 言語와 文字生活, 韓國思想史 3권, 한국정신문화연구원.

남풍현(1993), '高麗本 瑜伽師地論의 釋讀口訣에 대하여', 동방학지 81, 연세대학교.

남풍현(1994), '『新釋華嚴經』 卷14의 高麗時代 釋讀口訣, 국문학논집 14집, 단국대 국문과.

리의도(1990), 우리말 이음씨끝의 통시적 연구, 어문각.

박양규(1975), '존칭체언의 통사론적 특징', 진단학보 40.

박금자(1988), '중세어 문헌의 협주의 성격', 주시경학보 2, 주시경연구소.

서정섭(1991), '국어 양보문 연구', 전북대 박사논문.

서정수(1975), 국어 구문론 연구, 탑출판사.

서정수(1985a), '국어의 접속어미 연구(Ⅰ)', 한글 189, 한글학회.

서정수(1990), 국어문법의 연구(Ⅰ, Ⅱ), 한국문화사.

서태룡(1979a), '국어 접속문에 대한 연구', 국어연구 40.

서태룡(1979b), '내포와 접속', 국어학 8, 국어학회.

서태룡(1980a), '동명사와 후치사 {-은}, {-을}의 기저의미, 진단학보 50.

서태룡(1984), '동명사와 부동사의 의미론적 대립', 성심여대논문집 16.

서태룡(1985), '정동사어미의 형태론', 진단학보 60.

서태룡(1986a), '정동사 어미의 의미특성', 성심어문논집 9.

서태룡(1986b), '부동사의 연결과 정동사의 종결', 논문집 18,성심여대.

서태룡(1988), '국어 활용어미의 형태와 의미', 탑출판사.

서태룡(1990), 활용어미, 국어연구 어디까지 왔나, 동아출판사.

성낙수(1978a), '[이유·원인]을 나타내는 접속문 연구(Ⅰ)', 한글 162, 한
　　글학회.

성낙수(1979b), '[이유·원인]을 나타내는 접속문 연구(Ⅱ)', 연세어문 11,
　　연세대학교.

심재기(1975), '구결의 생성 및 변천에 대하여', 한국학보 1.

심재기(1979), '관형사의 의미기능', 어학연구 15-2.

심재기(1982), 국어 어휘론, 집문당.

안명철(1992), '현대국어의 보문 연구', 서울대 박사논문.

안병희(1973), '중세국어 연구자료의 성격에 대한 연구', 어학연구 9-1.

안병희(1976), '구결과 한문의 훈독에 대하여', 진단학보 41.

안병희(1977), 중세국어 구결의 연구, 일지사.

안병희(1979), 중세국어의 한글자료에 대한 종합적 고찰', 규장각 3, 서
　　울대 도서관.

안병희·이광호(1990), 중세국어 문법론, 학연사.

양주동(1965/1993), 증정 고가연구, 일조각.

유원수 역(1992), 몽골문어문법, 민음사.

유창돈(1979), 이조 국어사 연구, 이우출판사.

유창돈(1987), 이조어사전(7판), 연세대 출판부.

유현경(1986), '국어 접속문의 통사적 특질에 대하여', 한글 191, 한글학
　　회.

윤석민(1989), ‘국어 텍스트 언어학적 연구’, 국어연구 92.

윤용선(1986), ‘중세국어 경어법 연구--존경법을 중심으로’, 국어연구 71.

윤평현·최재희(1985), ‘국어 연결어의 화용론적 고찰--‘-아서’와 ‘-니까’를 중심으로’, 인문과학연구 6. 7집, 조선대학교.

윤평현(1986), ‘이유·원인 연결어미에 대한 연구’, 어문론총 9, 전남대학교.

윤평현(1989), ‘국어의 접속어미에 대한 연구--의미론적 기능을 중심으로’, 전남대 박사논문.

이광호(1980), ‘접속어미 [면]의 의미 기능과 그 상관성’, 언어 5권 2호, 한국언어학회.

이광호(1983), ‘후기 중세국어의 종결어미 {-다/-라}의 의미’, 국어학 12.

이광호(1988), 국어의 격조사 ‘을/를’의 연구, 탑출판사.

이기갑(1981), ‘씨끝 ‘-아’와 ‘-고’의 역사적 교체’, 어학연구 17권 2호, 서울대학교 어학연구소.

이기문(1955/1977), ‘16세기 국어의 연구’, 탑출판사.

이기문(1972/1981), 개정 국어사개설, 민중서관.

이상복(1978), ‘국어 연결어미에 대하여--‘-아서’, ‘-니까’를 중심으로’, 말 3, 연세대.

이상복(1981), ‘연결어미 ‘-아서’, ‘-니까’, ‘-느라고’, ‘-므로’ 에 대하여, 배달말 5, 경상대학교.

이상태(1988), ‘국어접속어미 연구’, 계명대 박사논문.

이숭녕(1961/1981), 중세국어문법, 개정 3판, 을류문화사.

이승재(1989), ‘고려시대의 이두에 대한 연구’, 서울대 박사논문.

이승재(1993), ‘麗末鮮初의 口訣資料’, 국어사 자료와 국어학의 연구 中,

문학과지성사.

이시형(1990), '한국어의 연결어미 '-어', '-고'에 관한 연구', 서강대 박사
　　논문.

이운허 역(1990), 법화경, 동국대 역경원.

이은경(1990), '국어의 접속어미 연구, 국어연구 97.

이익섭·임홍빈(1983), 국어 문법론, 학연사.

이정민·배영남(1987), 언어학사전, 박영사.

이태영(1988), 국어 동사의 문법화 연구, 한심문화사.

이현우(1986), '현대국어 접속의 양상에　대한 연구', 국어연구 70, 서울
　　대 석사논문.

이현희(1982a), '국어 의문법에 대한 통시적 연구', 국어연구 52.

이현희(1982b), '국어 종결어미 발달에 대한 관견', 국어학 11.

이현희(1986), '중세국어 내적 화법의 성격', 한신논문집 3.

이현희(1988), '중세국어의 청원 구문과 관련된 몇 문제', 어학연구 24-3.

이현희(1989), '국어문법사 연구 30년(1959~1989)', 국어학 19.

이현희(1990), '보문화',국어연구 어디까지 왔나, 동아출판사.

이현희(1991), '중세국어 명사문의 성격', 국어학의 새로운 인식과 전개,
　　서울대 대학원 국어학연구회편, 민음사.

이현희(1992), 중세국어 구문연구, 신구문화사.

임홍빈(1974), '명사화의 의미특성에 대하여', 국어학 2.

임홍빈(1975), '부정법 {어}와 상태 진술의 {고}', 국민대 논문집 8

임홍빈(1983), '동명사 구성의 해석 방법에 대하여', 백영 정병욱 선생
　　환갑기념논총 Ⅰ, 신구문화사.

장윤희(1989), '중세국어의 조건 접속어미에 대한 연구', 국어연구 104.

졸 고(1987), ‘근대국어의 접속어미에 대한 연구--‘-고, -며’와 ‘-어’를 중심으로’, 단국대 석사논문.

졸 고(1989), ‘근대국어의 접속어미 ‘-니’의 일고찰’, 국문학논집 13집, 단국대 문리대 국문과.

졸 고(1991), ‘구역인왕경 석독구결의 토 ‘-며(氵)’와 ‘여(氵)’의 일고찰’, 도솔어문 7, 단국대 인문대 국문과.

전정례(1991), 중세국어 명사구 내포문에서의 ‘-오-’의 기능과 변천’, 서울대 언어학과 박사논문.

전혜영(1983), ‘현대 한국어 접속어미의 화용론적 연구’, 이화대 박사논문.

정재영(1993), ‘중세국어 의존명사 ‘ᄃ’의 어미화에 대한 연구’, 한국외국어대학교 박사논문.

정정덕(1986), ‘국어접속어미의 의미 통사론적 연구’, 한양대 박사논문.

정호완(1987), 후기중세어 의존명사 연구, 학문사.

조오현(1991), 국어의 이유구문 연구, 한신문화사.

주경미(1990), ‘근대국어의 선어말어미에 대한 연구--18세기 국어를 중심으로’, 단국대 석사논문.

채연강(1985), ‘현대 한국어 연결어미에 대한 연구’, 성균관대학교 박사논문.

최재희(1989), ‘국어 접속문의 구성에 관한 연구’, 성균관대 박사논문.

최현배(1960), 고친 한글갈, 정음사.

한동완(1986), ‘과거시제 ‘엇’의 통시론적 고찰’, 국어학 15.

한동완(1991), ‘국어의 시제 연구’, 서강대 박사논문.

한상화(1994), ‘기림사본 『능엄경』 구결의 연구’, 성신여대 석사논문.

허   웅(1975), 우리 옛말본, 샘문화사. 집 17, 경상대학교.

허   웅(1987), 국어 때매김법의 변천사, 샘문화사.

허   웅(1990), 16세기 형태론, 샘문화사.

홍윤표(1982), '국어현상을 토대로 하는 문법사 연구를 위하여', 한국학
　　　　보 28.

홍윤표(1993), 국어사 문헌자료 연구(Ⅰ), 태학사.

홍윤표(1994), 근대국어의 연구(Ⅰ), 태학사.

홍인표(1976), 한문문법, 신아사.